Examen détaillé

Des produits expofés dans la claffe 91

(Section de l'Ameublement & de la Tabletterie)

SALOMON HALPHEN

Exposition universelle de 1867.

Examen détaillé

Des produits expofés dans la claffe 91

(Section de l'Ameublement & de la Tabletterie)

———

PARIS
LIBRAIRIE INTERNATIONALE
15, Boulevard Montmartre, 15.

A. LACROIX, VERBOECKHOVEN ET C°, ÉDITEURS
A Bruxelles, à Leipzig & à Livourne.

1867.

I

Ce n'est pas un livre que nous avons eu
l'intention de faire, encore moins un mémoire.
Appelé, en qualité de délégué des exposants de
la classe 91, à voir de près s'accomplir l'organisation du groupe X, nous en avons profité
pour nous rendre un compte exact de l'avenir
fécond réservé à ce groupe dans les futures
expositions internationales, et pour nous pénétrer de la pensée humanitaire qui inspira la

Commission impériale le jour où elle créa le groupe de l'utile et du bon marché. Nous avons consacré quelques semaines à examiner minutieusement ce qui s'était fait, et la comparaison des résultats obtenus avec les résultats promis nous a forcément conduit à faire un certain nombre d'observations qu'il nous a semblé utile de réunir et de publier. C'est donc l'ensemble de ces observations, coordonnées aussi clairement que possible, que nous soumettons aujourd'hui à tous ceux — le nombre en est grand, nous n'en doutons pas — qui s'intéressent à ces questions philanthropiques, et plus particulièrement encore aux hommes dévoués qui travaillent chaque jour au développement du bien-être chez les classes laborieuses et pauvres.

Mais il est nécessaire, avant de pousser plus loin, que le point de départ de la question qui nous occupe soit nettement défini. Pour cela, nous ne pouvons faire mieux que d'emprunter quelques lignes à un rapport d'enquête adressé à la Commission impériale par MM. Charles Robert, Marguerin, Ph. Pompée et Barbier.

Ces lignes sont un exposé parfait du but officiel du groupe X. Ce programme très-net, très-lucide, très-élevé, nous a servi de guide dans l'étude que nous entreprenions, et c'est parce que nous sommes convaincus de la gravité des questions qu'il soulève que nous nous enhardissons jusqu'à apporter notre modeste pierre à cet édifice en construction.

Voici le début de ce rapport :

« Parmi les heureuses innovations introduites par la Commission impériale dans le programme de l'Exposition universelle de 1867, il faut en première ligne inscrire l'établissement du groupe X, qui comprend les *objets spécialement exposés en vue de fournir à la population ouvrière des campagnes et des villes les moyens d'améliorer sa condition physique et morale.*

» Le groupe X présente donc dans les sept classes dont il se compose tous les spécimens et les documents qui intéressent *l'éducation populaire* à ses divers degrés, l'alimentation à bon marché, le vêtement, le ménage et le logement, ainsi que les instruments et les produits du travail de l'ouvrier chef de métier.

» La réunion des objets matériels et des documents écrits relatifs aux institutions, aux questions économiques dont ces objets sont en quelque sorte le symbole, donne à ce groupe X sa physionomie propre qui montre à quelles préoccupations morales les premiers se rattachent : il place l'Exposition des idées, pour ainsi parler, à côté de l'Exposition des choses ; il est le témoignage de la sincère et profonde sympathie qu'inspirent le *paysan* et l'*ouvrier*.

» Les bureaux des sept classes du groupe X se sont d'abord réunis pour délibérer en commun sur les questions qui pouvaient offrir un caractère de généralité. Ils se sont trouvés d'accord pour constater qu'il serait conforme à la pensée qui a présidé à l'introduction du groupe X dans le cadre agrandi des Expositions universelles de recueillir des documents nombreux relatifs aux institutions créées sur divers points de la France, soit par l'État, soit par les départements, les communes, les associations et les particuliers, au triple point de vue de l'assistance, de la prévoyance et de l'éducation populaire, soit par les chefs d'industrie ou les ouvriers eux-mêmes, pour contribuer au progrès de la condition matérielle et morale des populations adonnées au travail manuel. »

Peut-on douter, après la lecture de ce programme, que ce soit le désir de donner satisfaction aux intérêts démocratiques, d'apporter physiquement et moralement un soulagement efficace à la situation du paysan et de l'ouvrier, qui ait inspiré la création du groupe X? Ce fut notre sentiment dès le premier jour. Nous attendions beaucoup de cette initiative philanthropique, et, devançant par la pensée les résultats immenses et bienfaisants que nous entrevoyions, nous avions dès lors songé à faire ressortir dans un travail spécial les soulagements nombreux que la classe 91 allait apporter à des infortunes intéressantes, et nous espérions être assez heureux pour conquérir à cette grande idée des sympathies nouvelles et résolues.

A ce moment, nous ne doutions pas que l'œuvre entreprise n'eût un succès complet et nous étions fier de nous en faire le panégyriste. Partant d'un programme aussi simple et aussi précis dans ses intentions fécondes, on ne devait aboutir, nous le pensions du moins, qu'à une Exposition d'une grande portée sociale. Si donc nous sommes un peu revenu aujourd'hui de ce premier enthousiasme, si nous avons été forcé de reconnaître qu'il ne fallait pas tant se hâter de chanter victoire, c'est qu'en effet dans les entreprises humaines on touche rarement au but du premier coup, et que plus l'œuvre est grande, plus le succès est laborieux et lointain.

Mais ce n'est qu'après bien des jours d'examen, bien des observations minutieuses, des preuves multipliées, que nous sommes arrivé à dresser un bilan impartial du groupe X, et principalement des deux premières sections de la classe 91, et c'est après avoir acquis ainsi une conviction assise sur les bases les plus solides que nous nous sommes cru autorisé à présenter au public compétent, sous la forme d'une notice de quelques pages, le fruit de nos observations.

Ce serait donc fort mal interpréter nos intentions que de voir dans la publication de ce livre une pensée hostile à l'œuvre de la Commission impériale. Nul plus que nous ne l'apprécie et ne rend hommage aux résultats immenses obtenus par elle. L'Exposition de 1867, en dépit des critiques de détail, restera comme le souvenir d'un fait gigantesque; mais s'il est juste de constater le triomphe de la Commission impériale qui a reçu la consécration du monde entier, peuples et souverains, il est à propos de lui redire quels sont les côtés faibles de son organisation. Ce sont là des documents pour l'avenir, et l'avenir en saura faire son profit, nous l'espérons.

La Commission impériale est composée d'esprits trop élevés, d'intelligences trop dévouées au bien pour qu'on ait à craindre de voir prendre en mauvaise part les observations sincères et mesurées d'un esprit patient, mais ami du progrès. Ne devait-elle pas d'ailleurs, en créant le groupe X, s'attendre à beaucoup de tâtonnements ? Sans doute, elle a prévu que de nombreuses difficultés surgiraient ; mais, dans une œuvre pareille, que d'obstacles se rencontrent que l'esprit le plus judicieux ne pouvait deviner et que le premier élan ne peut franchir ! Aussi, nous en avons la certitude, si parfois dans ces quelques pages nos idées sont présentées avec une certaine vivacité, on voudra bien ne l'attribuer qu'à la franchise de nos impressions, et n'y voir que l'indice du désir ardent que nous éprouvons d'assister avant peu à la réalisation complète de la grande pensée humanitaire qui a engendré le groupe X à l'Exposition de 1867.

Ces réserves étaient nécessaires pour qu'on ne se méprît pas sur nos intentions et qu'on ne changeât pas d'adresse à plaisir les quelques critiques qui pourront se produire sous notre plume durant ce court examen.

II

Le groupe X est composé de sept classes, et bien que nous ayons concentré nos études sur les deux premières sections de la classe 91 (ameublement et tabletterie), nous croyons utile d'indiquer en quelques mots les autres subdivisions du groupe. Le lecteur en saisira mieux la portée, de cette Exposition populaire, enclavée dans la grande Exposition universelle.

Les classes 89 et 90 sont consacrées, l'une au matériel et aux méthodes de l'enseignement des enfants, l'autre aux bibliothèques et au matériel de l'enseignement donné aux adultes dans la famille, l'atelier, la commune ou la corporation.

La classe 91 comprend les meubles, les vêtements et les aliments de toute espèce, distingués par les qualités utiles unies au bon marché.

a.

La classe 92 est destinée à rassembler, afin qu'on établisse entre eux d'utiles comparaisons, les spécimens les plus intéressants des costumes populaires des diverses contrées.

La classe 93 nous offre des spécimens d'habitations caractérisées par le bon marché uni aux conditions indispensables d'hygiène et de bien-être.

La classe 94 réunit les produits de toutes sortes fabriqués par des ouvriers chefs de métier.

Enfin la classe 95 comprend les instruments et procédés de travail spéciaux aux ouvriers chefs de métier.

Exceptons la classe 91, dont nous aurons à parler tout à l'heure.—Pour les autres classes de ce groupe, les comités organisateurs avaient affaire à un programme tellement précis, qu'il devenait bien difficile de n'en pas tenir sérieusement compte.

Et cependant la classe 92, consacrée aux costumes à un point de vue utilitaire, a été détournée de son vrai but. Dans l'origine, il s'agissait de réunir, pour les comparer, les costumes populaires des diverses provinces françaises ; on voulait étudier les exigences climatériques qui font différer sensiblement les habitudes du vêtement des régions méridionales de celles des régions du nord. Les Berrichons, les Solognots ne s'habillent pas comme les pêcheurs du littoral. De cette étude devaient sortir des progrès économiques de nature à améliorer la situation de nos paysans ; mais, au lieu de cela, on a donné carrière à la fantaisie et cherché le pittoresque. La classe 92 est devenue une sorte de foire de carnaval. Le directeur des Variétés a cru pouvoir y prendre part avec des costumes empruntés aux magasins du théâtre, et les costumiers, tels que la maison Babin, la maison Moreau, etc., ont été également inscrits pour y figurer.

Il est vrai que les costumiers n'y sont venus, — ceux qui y sont venus, — qu'à leur corps défendant. Mais messieurs les tailleurs de la classe 25 avaient refusé de les admettre chez eux, bien qu'un costumier ne soit en somme autre chose qu'un tailleur historique. La raison en est simple : les tailleurs craignaient de faire triste figure avec leurs habits noirs et leurs vestes grises à côté du velours, de la soie, du satin, des passementeries d'or et d'argent, des rubans, etc., etc., qui sont du domaine du costumier. Si bien que, malgré leurs protestations, bien qu'étant les premiers à convenir de la contradiction qui existe entre leurs produits, tous de luxe, et le groupe X, groupe populaire et économique, les costumiers ont dû se résigner, sous peine de n'avoir de vitrine nulle part, à prendre place entre le costume de mineur exposé par le directeur des mines d'Anzin et celui d'un halletier exposé par le directeur de Saint-Gobain.

Quelques-uns, représentant des maisons importantes, ont préféré cependant être totalement exclus du Champ de Mars.

A la classe 95, une difficulté d'une autre nature se présenta et eut pour conséquence une nouvelle infraction au programme. On avait annoncé que le public verrait travailler sous ses yeux les *ouvriers chefs de métier*; mais on n'avait pas songé que les ressources de ces braves gens sont très-bornées. Sur le nombre

inscrit, c'est à peine s'il s'en est trouvé deux
disposés à s'engager dans la série de frais divers que représente un séjour au palais du
Champ de Mars. Mais comme on tenait à amu-
ser le public, ainsi qu'on s'y était engagé, en
lui offrant la satisfaction de voir travailler des
ouvriers appartenant à quelques spécialités, on
a placé dans la galerie des machines des es-
couades de travailleurs envoyés là par quelques
riches patrons qui n'ont pas reculé devant les
sacrifices de cette réclame vivante et permanente.

III.

Mais, nous l'avons dit, c'est principalement
dans l'organisation de la classe 91 qu'a été
commis le plus grand nombre d'infractions au
programme du groupe **X**.

Il est temps d'examiner de quelle nature

sont ces infractions et quelles en ont été les causes.

Il avait été dit bien haut que l'on rechercherait avant tout à grouper tous les produits propres à apporter à la situation physique des classes laborieuses un soulagement, une amélioration, un progrès.

On devait donc croire que, meubles, vêtements ou aliments, tout ce qui allait être admis à figurer dans cette section du palais serait à la portée de ces classes dans l'intérêt desquelles on créait cette catégorie nouvelle, et que l'ouvrier et le paysan, en se promenant dans ces salles, rencontreraient à chaque instant, sous n'importe laquelle de ces vitrines, tel produit ou tel autre à des conditions de bon marché et de perfection de nature à les satisfaire et qu'ils en sortiraient bien renseignés, emportant une consolation, un encouragement et une espérance de bien-être au lieu d'une tentation.

Qu'on nous permette une parenthèse.

Dans la pensée première de la Commission, nous aurions voulu voir joindre au paysan et à l'ouvrier un être non moins intéressant et souvent plus misérable, un être à coup sûr digne de pitié, véritable paria de la société moderne, le petit employé.

Il n'est guère de corps d'état où l'ouvrier ne se fasse aujourd'hui de 5 à 10 francs par jour, ce qui permet au revenu de son travail d'une année, quand la maladie ne lui a pas apporté de chômage désastreux, de s'élever à deux mille francs pour le plus grand nombre et à trois mille cinq cents francs pour les plus habiles.

L'ouvrier porte la blouse et la casquette; il n'a pas de sacrifice coûteux à faire aux convenances. Pour quelques sous il déjeune dans une gargote ou, sur le pouce, à l'atelier ; la femme et les enfants travaillent de leur côté, et apportent leur contingent au fonds commun ; aussi, quand l'ouvrage donne bien, et si la famille n'est pas trop nombreuse ou les enfants trop jeunes, la situation d'un bon travailleur va chaque jour se rapprochant de l'aisance.

Il en est de même du paysan. Point de frais de costume, pas de dépenses de nourriture, car on vit un peu sur la terre. Aux champs aussi, petits et grands trouvent chacun son emploi et concourent à l'accroissement de la fortune commune. Par suite, dans nos provinces, il est rare qu'un bon laboureur ne devienne avec le temps un métayer important, sinon un gros fermier, quand surtout la bonne conduite règne dans le ménage.

Mais la situation faite de nos jours à l'employé? Quelle pitié! C'est là véritablement le pauvre honteux. On le voit à peu près *mis*, il porte une redingote, un chapeau noir et des bottes, et on ne s'inquiète pas de lui, quand c'est précisément cette livrée de fausse opulence qui le fait si misérable. Que lui reste-t-il de ses pauvres quinze cents francs d'appointements quand le bottier, le tailleur et le chapelier y ont fait leurs prélèvements? Ne lui faut-il pas du linge à peu près fin et à peu près blanc? Il a un rang à tenir, un certain décorum à garder, sous peine de perdre cette place que nous ne pouvons nous résoudre à appeler son gagne-pain, car nous en avons connu qui ne mangeaient pas tous les jours.

L'employé garçon vit dans la gêne, mais enfin il peut vivre. Celui qui commet la faute de se marier et le crime de devenir père en est cruellement puni par notre société moderne, et d'échelons en échelons il descend rapidement dans l'enfer d'une misère sans issue (1).

Il faudra bien panser un jour ces plaies cruelles dont on détourne trop volontiers les yeux. Ici nous n'avons voulu que les indiquer à grands traits pour mettre en relief et grouper les trois hommes, paysan, ouvrier, employé, dont la création philanthropique du Xe groupe

(1) La condition d'existence des employés a motivé déjà de nombreux travaux. On a prouvé que si l'employé de l'État, à de rares exceptions près, était condamné toute sa vie à mener une existence précaire, l'employé de commerce, avec de l'esprit de suite et de conduite, pouvait triompher des difficultés de la vie moderne. Nous ne pouvons passer à côté de cette importante question sans signaler l'excellent ouvrage que vient de publier M. F. Devinck, sous le titre de : *Pratique commerciale* ; il est le code de l'employé de commerce, ce livre ; c'est presque un évangile pour lui. M. Devinck, qui a déjà mérité en tant d'occasions la reconnaissance du commerce parisien, dont il a toujours su défendre avec opportunité les intérêts, acquiert un titre de plus par cette publication qui sauvera bien des faux pas à la jeune génération commerciale.

nous semble destinée à soulager les douleurs et à retremper les caractères.

Nous voici donc en possession d'un programme bien défini et bien net, et connaissant notre point de départ. Entrons maintenant résolûment dans la classe 91 et voyons ce qui nous sépare du but.

IV

Au bout de quelques jours d'examen, nous avons pu constater à regret combien l'ensemble des produits exposés répondait mal au programme primitif. Quelles pouvaient être les causes de ces erreurs réitérées, de ce mépris incessant du but proposé? Nous avons voulu nous en rendre compte; nous sommes descendu jusqu'au détail; nous avons entrepris seul et livré à nous-même, mais pour notre édification personnelle, une sorte d'enquête minutieuse et patiente, et nous sommes parvenu enfin, non pas à admettre, mais à connaître les divers mobiles qui ont agi sur les bonnes intentions de la Commission, de manière à la détourner, sans qu'elle s'en soit rendu un compte exact, du vrai chemin, qu'on barricadait à plaisir devant elle.

Nous avons dit que les causes de ces graves infractions à un programme excellent étaient de plusieurs sortes ; les voici :

La première résulte des lacunes qui ont existé volontairement ou involontairement dans la classification des neuf premiers groupes.

La seconde provient des préjugés que certains comités d'admission ont apportés dans l'application de leur mandat.

La troisième est due à la confusion que l'on a fait du bon marché relatif avec le bon marché réel, incontestable, populaire.

Enfin le défaut d'espace. On a accordé si peu de place à certaines spécialités, qu'on a trouvé naturel de laisser un certain nombre d'exposants, parfaitement étrangers au groupe X, envahir la classe 91, où ils n'avaient que faire.

Citons quelques exemples à l'appui :

Les lacunes sont nombreuses dans la classi-fication des neuf premiers groupes. Les meu-bles, par exemple, admis dans la classe 14 sont exclusivement des œuvres d'art, des chefs-d'œuvre d'ébénisterie, si luxueux, si recher-chés, que l'on ne semble même pas s'être pré-occupé de l'ameublement *des malheureux qui n'auraient que cinquante mille livres de rente.* Pour aborder les produits exposés dans cette classe avec l'arrière-pensée d'y acheter un mo-bilier, il faut être prince souverain ou archi-millionnaire.

Et à chaque instant vous verrez se produire le même fait, l'utile banni de toutes les spécia-lités pour ne laisser en vue que les folies luxueuses. Ce qui constitue le confortable de la classe aisée trouve peine à se caser au milieu de ces merveilles de commande qui ne veulent pas avoir à rougir de leur voisinage. Et c'est ainsi que des meubles de plusieurs espèces, les plumeaux de luxe, les soufflets d'appartement et cent objets indispensables dans une maison bien montée, les riches enseignes et autres

accessoires du haut commerce, ne rentrant
dans aucune catégorie de la grande classification, ont été obligés de venir se réfugier
dans la classe 91, bien que pas un de ces objets ne pût convenir aux classes populaires, et
que leur présence injustifiable dans cette section du groupe en ait fait un capharnaüm et
une véritable foire de Babel.

Les comités d'admission ont cédé à des préjugés bizarres, disions-nous tout à l'heure. Ex-
pliquons cette accusation, qui ne doit pas être
vaguement formulée. Nous avons vu comment
les tailleurs, repoussant les costumiers, les ont
contraints à se réfugier dans la classe 92. Les
orfévres ont fait subir la même exclusion à
quelques-uns d'entre eux. Les bronziers ont
agi de même, etc., etc.; certains exposants, en
dépit de leurs produits remarquables, ont été
rejetés dans la classe 91, parce qu'ils n'occu-
paient pas à Paris d'*assez beaux appartements.*
D'autres, comme M. Massé, par exemple, qui
a vu son sommier oriental repoussé de la
classe 15, parce qu'il ne constituait pas *un
objet d'art*—un sommier! —sont rejetés dans le

groupe X, sans pouvoir se faire entendre. Ajoutez-y les jalousies de métier, les gros bonnets industriels qui finissent toujours par écraser les petits sans aucune résistance possible, et cette tendance, qui se reproduit en tout, de faire prendre le pas à l'exception sur la règle, et de sacrifier au luxe extravagant le produit modeste, mais utile, de rechercher avant tout ce qui peut paraître, l'éclat extérieur, l'excentricité des formes, sans trop se préoccuper, dès·lors que l'effet est assez grand pour captiver l'œil, si l'examen attentif et minutieux sera satisfait et charmé également.

Une autre cause, non moins déplorable dans ses conséquences, des fautes commises dans l'organisation de la classe 91, a tenu à la confusion qui s'est établie dans l'esprit de quelques-uns des membres du comité d'admission entre le bon marché réel d'un produit et le bon marché relatif.

Cela provenait évidemment d'une connaissance incomplète et insuffisante du programme de la classe. On leur avait dit sans doute : Nous chercherons le progrès économique et par conséquent le bon marché dans toutes les spécialités. Et quand ils trouvaient des produits fabriqués à des prix raisonnables et offerts à un taux inférieur à celui des maisons concurrentes, ils s'empressaient de faire entrer le fabricant dans la classe 91, persuadés en toute bonne foi qu'ils parviendraient ainsi au but proposé. Mais ils ne se rendaient pas compte de ceci, à savoir que certains produits, essentiellement de luxe, fussent-ils parvenus à des réductions de prix inespérées jusqu'alors, n'ont cependant en réalité aucun titre pour figurer parmi les produits populaires. L'ouvrier est déjà suffisamment assailli de tentations sans que vous les veniez augmenter vous-même en accumulant à plaisir sous ses yeux, dans une classe qui lui est spécialement destinée, une foule d'objets qui constituent des superfluités, qui seraient pour lui des dépenses sans compensations, c'est-à-dire complétement improductives et qui lui feraient chercher à ses dépens cette fausse aisance dont nous devrions tous, au contraire, dans l'intérêt de son bonheur futur, le détourner avec soin.

Enfin le défaut d'espace a encore abouti aux

mêmes résultats fàcheux pour la malheureuse classe 91, toujours sacrifiée et détournée de son but. Quand les comités d'admission des neuf premiers groupes eurent distribué toutes les places qui avaient été mises à leur disposition, il se trouva quelques producteurs qu'on ne voulut pas éliminer absolument et qu'on ne pouvait cependant matériellement faire entrer dans le secteur consacré à leur industrie. Alors on les renvoya dans la classe 91. C'était leur dernière ressource : faute d'y consentir, il leur eût fallu renoncer à figurer au Champs de Mars. Ils s'y installèrent donc; mais, ne cachant pas leur déconvenue, ne déguisant pas leur mécontentement, ils s'empressèrent de ne tenir volontairement aucun compte du programme utilitaire du groupe X, combinant, disposant et garnissant leur vitrine absolument comme ils l'eussent fait à la classe dont ils se trouvaient exclus par les circonstances.

V

Au sortir de tous ces conflits, qu'est devenue la classe 91? quelque chose d'hybride, d'indigéré, de babélien. Il en est resté à cette malheureuse classe l'apparence d'un bazar. Mais nous ne voulons qu'indiquer cette déconvenue qu'a dû éprouver le public sérieux, comme nous l'avons éprouvée nous-même, sans insister trop sur ce chapitre délicat. L'œuvre était difficile et il eût été surprenant que la première tentative réussît pleinement. Il est vrai qu'on est tombé dans de lourdes fautes dont on eût pu bien facilement se préserver, mais à quoi servirait-il aujourd'hui de récriminer? Indiquer froidement les erreurs commises, exposer les faits en les appuyant de preuves et enfin jalonner du mieux qu'il nous était possible la route à suivre dans l'avenir, si l'on veut persévérer dans cette louable entreprise et la mener à bonne fin, c'était là notre pensée, notre but, notre espoir.

Quand nous aurons expliqué la méthode à adopter selon nous, notre tâche sera remplie et nous laisserons le lecteur juge du degré d'utilité de ces quelques pages.

VI

La première de toutes les conditions pour réussir dans cette entreprise, ce serait d'abord, à la prochaine Exposition, de ne pas marchander l'espace au groupe X, comme on l'a fait en 1867. Mieux encore : on devrait lui consacrer un corps de bâtiment spécial. Aujourd'hui ce groupe est perdu dans l'ensemble de la classification générale ; une partie de ses produits est enclavée dans les arts libéraux, une autre dans le mobilier (groupes II et III). La section alimentaire de la classe 91 se trouve sous le promenoir, une dernière partie a été reléguée au fond du parc, du côté de l'École militaire. Les ouvriers chefs de métier sont dispersés dans la galerie des machines et dans certaines habitations du parc. Les spécimens de constructions économiques sont également placés au hasard dans le jardin. Le public qui n'a pas connaissance de ces dispositions ne trouve qu'à moitié ce qu'il cherche, et le plus souvent, il traverse la classe 94 sans se rendre compte de sa raison d'être, de son but et de son utilité.

Le bâtiment une fois désigné pour recevoir l'*Exposition de l'utile et du bon marché*, gardez-vous bien de convier indistinctement à y figurer tous ceux qui s'y croiront des titres. C'est là que commence le rôle important du comité d'admission. Cette année, par exemple, il nous semble qu'on eût bien plus facilement atteint le but en attendant, pour garnir les vitrines et les salles du groupe X, que les neuf premiers groupes fussent prêts. Alors un examen minutieux, poursuivi à travers toutes ces classes, eût mis sur la voie de toutes les spécialités répondant à notre programme. Alors on aurait pu composer avec profit, avec fruit, la classe 91. C'est le comité d'admission qui eût dû lui-même, après examen des produits de chacun, dire à tel ou tel fabricant : « Vous êtes digne de figurer dans la classe 91. Les progrès réalisés par vous donnent à votre production ce cachet éminent d'utilité populaire que nous recherchons. Aussi, sans vous enlever à vos juges naturels, nous vous accordons une seconde place dans le groupe X, une place spéciale qui, pour vous, constituera déjà comme une première distinction aux yeux du public. Vous serez admis à concourir aux récompenses de la classe (14, ou 20, ou 26, il n'importe), et vous prendrez également part au concours économique de la classe 91. »

Le premier résultat heureux de ce système eût été de ne faire entrer dans cette catégorie que les industriels y ayant des droits sérieux ; le second, non moins important, assurait l'unité et la logique de cette Exposition, car le fabricant qui, dans sa classe géniale, aurait eu soin de disposer ses plus beaux produits, aurait compris, en même temps, qu'il n'avait dans le groupe X à présenter que les résultats économiques obtenus et les spécialités populaires de sa fabrication.

Le rôle du comité d'admission ne devrait pas se borner à ce triage de quelques élus dans la foule exposante. Six mois avant l'époque fixée pour l'ouverture de l'Exposition, il pourrait commencer à rechercher dans les grandes branches de l'industrie nationale les maisons les mieux en situation de concourir à l'ensemble de cette œuvre. Ce serait à lui de provoquer les efforts de tous les producteurs vers l'utile et le bon marché populaire, à stimuler ce moument philanthropique, à veiller enfin à ce que les besoins de l'ouvrier, du paysan et du petit employé puissent trouver là satisfaction.

VII

L'avenir du groupe X n'est pas compromis par une tentative restée imparfaite en quelques points. D'ailleurs, la haute sympathie de l'Em-

b.

pereur, toujours en éveil quand il s'agit des intérêts des classes populaires, nous est un sûr garant que ces fautes, une fois signalées, seront évitées à la prochaine Exposition avec un soin particulier.

Mais nous voudrions obtenir mieux encore. Des années s'écoulent d'une Exposition à l'autre et les souffrances que nous voulons guérir ne doivent pas attendre de si rares et de si lointains soulagements.

On a dit, et nous le croyons pour notre part, que les constructions du Champ de Mars seraient conservées et utilisées. Pourquoi, dès aujourd'hui, ne se déciderait-on pas à réserver une partie de ces constructions à une Exposition permanente de l'utile et du bon marché. A l'envahissement du luxe, à la gangrène du superflu ruineux, opposons la propagande quotidienne et constante des produits sérieux. Qui empêche que, dès maintenant, on prenne une décision à cet égard, que l'on nomme un comité nouveau mieux édifié sur le but, mieux renseigné sur les moyens, et qui demain commencerait dans l'ensemble de la grande Exposition ce triage des produits utiles et populaires pour en composer le noyau d'une Exposition permanente. C'est le moment favorable pour entreprendre cette œuvre utile, et nous souhaitons qu'on songe à le mettre en profit.

Parmi les exposants français, un grand nombre, nous croyons le savoir, répondrait bien volontiers à cet appel et serait disposé à laisser dans le local réservé à cette exposition permanente des échantillons choisis de ses produits populaires. Les étrangers eux-mêmes auraient déjà la faculté d'y prendre part sans grands frais, en laissant en France ceux de leurs produits exposés qui peuvent rentrer dans notre programme utilitaire.

Nous savons que la coterie militaire fait courir le bruit que l'Administration de la guerre a besoin du Champ de Mars, qu'elle le réclame pour y passer ses revues et comme champ d'exercice pour la garnison de Paris. Mais n'avons-nous pas Vincennes et Boulogne, et ce champ de manœuvres, dont on a si bien su se passer depuis trois ans, est-il devenu tout à coup si nécessaire? Nous espérons que les dé-

penses considérables faites pour cette construction ne seront pas perdues et que l'on songera
à utiliser toutes les forces motrices installées
dans la grande nef, qui sont des instruments
précieux d'activité et de production. Que l'on
consacre les galeries du centre à une exposition
permanente et vraiment utile, on pourra louer
à bon marché ces machines à vapeur à des associations ouvrières de toute espèce, qui trouve-
ront là un magnifique atelier, tandis que de
toutes parts, sur les frontières du Champ de
Mars, s'élèveront des constructions économiques,
où cette population laborieuse pourra se loger
facilement, commodément et à bon marché.
Ce serait là le dénoûment le plus moral que l'on
pût donner à l'Exposition universelle de 1867.

VIII

Le moyen le plus simple, à ce qu'il nous a
semblé, de faire toucher du doigt les erreurs
commises, c'était de passer en revue un à un

les exposants des deux premières sections de la classe 91.

C'est ce que nous avons fait ; c'est en lisant les quelques notices qui suivent que l'on se convaincra des résultats obtenus et que l'on pourra juger si nos observations sont justes et opportunes.

Pour plus de clarté, au lieu de suivre le numérotage embrouillé du catalogue, nous avons fait rentrer chaque catégorie d'exposants dans sa classe géniale. Expliquons-nous. Les deux cents exposants dont nous nous sommes donné la tâche d'examiner les produits appartiennent à des spécialités très-diverses ; nous avons donc pris pour base la classification adoptée par la Commission impériale dans la composition des neuf premiers groupes. Chacun de nos exposants se rattachait naturellement à l'une de ces classes, et nous les avons ainsi réunis, les ébénistes dans la classe 14, les verriers dans la classe 16, les faïenciers dans la classe 17, etc.,

Cette méthode permet de se rendre compte immédiatement de la classe où devraient figurer au Champ de Mars ceux que nous prouvons être indûment placés dans le groupe X.

Nous avions fait appel aux étrangers et nous espérions trouver dans les produits que les commissions étrangères avaient cru devoir rattacher au groupe X quelques spécimens d'industrie populaire bons à donner en exemple à nos fabricants français. Mais la pensée du groupe de l'utile et du bon marché, si peu comprise en France pouvait-elle l'être mieux au delà de nos frontières, là où les moyens d'informations, les éclaircissements deviennent plus difficiles. Citons cependant parmi ceux qui nous semblent en voie de satisfaire aux nécessités économiques de l'époque : MM. Canepa, Campanino, Joaquin Pessoa, Buccheger, Dossena, Berger de Biala, Kolb, Grassi, etc., etc.

Vienne une réorganisation nouvelle et plus complète, plus logique, de la classe 91, et certes nous verrons quelques représentants remarquables de l'industrie allemande, anglaise et italienne se ranger auprès de nos producteurs et leur disputer la première place dans la voie du bon marché et de l'utile.

Nous ne voulons pas terminer cette préface sans remercier M. Auguste Poitevin, ancien directeur du *Moniteur Industriel*, de l'obligeant concours qu'il a bien voulu nous prêter dans les recherches et les études qu'exigeait de nous cet examen critique de la classe 91.

Août 1867.

SALOMON HALPHEN.

NOTICES

Sur les Exposants admis à la classe 91.

(Section de l'ameublement & de la tabletterie.)

NOTICES

SUR LES EXPOSANTS

ADMIS A LA CLASSE 91

(Section de l'ameublement & de la tabletterie)

———————

CLASSE 7

*Fournitures de bureaux. Encriers. Couteaux à
papiers. Règles.
Pinceaux et broffes à peindre.
Craies. Crayons, etc.*

MM. LARIVE.
ABLIN.
SINGER.
RENAULT.
MORIN fils.
MOISSON.

A. Larive, à Hermes (Oise).

N° 72. *Objets de bois pour le dessin et fournitures de
bureau,*

Appartient plus spécialement à la classe 12. Il fabrique
en grande quantité des instruments de précision tels

qu'équerres, pistolets, règles droites et courbes, bâtonnets, T. etc., qui composent l'industrie de toute la commune de Hermes. Aux règles carrées de diverses essences de bois, M. Larive ajoute la fabrication des règles
à angles de cuivre. Les bâtonnets sont livrés par lui au
commerce à 1 fr. 50 la grosse, les règles à angles de
cuivre à 10 fr. la douzaine.

Au travail mécanique de la scie circulaire, de la
scie sauteuse et de la scie à ruban, s'ajoute dans ses
ateliers le travail à la main de la varlope et du rabot,
la lime achève les contours. Les bois de toute espèce
employés par M. Larive arrivent en grume dans son
usine.

Ablin fils, à Méru (Oise).

N⁰ 73. *Tabletterie. Couteaux à papier. Boucles en os et
en nacre. Crochets, etc.*

M. Ablin fils ressort de la classe 7 pour ses couteaux
à papier en os et en bois, de la classe 26 pour ses crochets, ses pelles à sel, ses navettes, etc., de la classe 36
pour ses boucles en os, en nacre ; mais il appartient bien
réellement à la classe 91 par le bon marché de ses produits qu'il a su maintenir, malgré la concurrence et grâce
à l'intervention de plusieurs machines ingénieuses ima-
ginées par lui. M. Ablin fait de 35 à 40,000 francs d'affaires et occupe, bon an mal an, de 12 à 15 ouvriers tant
en ville que dans son atelier.

Il livre au commerce des couteaux à papier en os de
30 à 80 francs la grosse, en bois de 16 à 22 francs la

grosse; des crochets tunisiens en os 13 francs la grosse, en buis 6 francs. Pelles à sel en os de 18 à 24 francs la grosse. Boucles en nacre à paillettes de 18 à 26 francs la grosse; sans paillettes de 16 à 24 francs la grosse. Boucles en os à paillettes 5 francs la grosse; sans pail-lettes 2 fr. 75 cent. la grosse. Cet aperçu des prix, joint à l'examen des produits, prouve que M. Ablin mérite d'attirer tout spécialement l'attention du public et des commissionnaires.

Singer (L.-A.-F.), rue d'Argenteuil, 9, à Paris.

Nº 23. *Encriers à pompe en bronze, bois et marbre.*

J'admets les encriers à cuvette de porcelaine marqués 90 centimes et 1 fr. 10 c. dans l'exposition de M. Singer; mais que viennent faire à la classe 91 des encriers de 45, 55, 100, 150 et 160 francs la pièce?

Alfred Renault, rue Saint-Denis, 306, à Paris.

Nº 68. *Spécialité de pinceaux.*

M. Renault figure à la fois à la classe 7 et à la classe 91. Aussi s'est-il contenté à la classe 91 d'exposer ceux de ses produits qui se recommandent surtout par leurs qualités de bon marché et d'utilité. Sa spécialité est la fabrication des brosses à peindre, depuis la brosse du badigeonneur jusqu'aux plus fins pinceaux des miniaturistes. Il emploie surtout la soie de porc, à laquelle il fait subir lui-même toutes les préparations qui précèdent la fabrication de la brosse. Nous avons vu la soie de porc lui arriver telle qu'elle est après la tonte. Il la fait savonner, cuire et sécher dans ses ateliers. Nous avons remarqué principalement sa brosse à virole en cuivre dite *Brosse parisienne,* qui réalise un incontestable progrès. Autrefois les grosses brosses pour peintres en bâtiments se fixaient à la ficelle, mais cette ficelle était exposée à être coupée par les peintres, lorsqu'ils nettoyaient la tête de la brosse en la grattant au couteau. On substitua à la ficelle un cercle en cuivre ; mais ce cercle manquait souvent de solidité. M. Renault a imaginé une virole en cuivre qui se rabat sur le manche, et se trouve ainsi maintenir les soies de la brosse dans un état de solidité parfait, tout en permettant de se servir sans inconvénient du couteau dans l'opération du nettoyage. Le succès de M. Renault est aussi complet que nous pouvons le désirer ; car, malgré ce perfectionnement qui est l'objet d'un brevet, il vend cette *Brosse parisienne* aussi bon marché que les anciennes brosses qui duraient moitié moins.

Ses pinceaux en soie de porc méritent également une mention toute spéciale pour leur excellente qualité et leurs prix raisonnables. La grosse assortie de pinceaux pour peintres en décor est vendue par lui 9 francs et 20 0/0 d'escompte (soit 7 fr. 20 c.). Pinceaux pour artistes, 13 francs la grosse assortie et 20 0/0 d'escompte (soit 10 fr. 40 c). Pinceaux pour aquarelle, la grosse assortie, 2 francs et 20 0/0 d'escompte (soit 1 fr. 60).

M. Renault tient également les pinceaux en martre à 36 francs la grosse.

Cette maison, qui occupe trente-six ouvriers, dont cinq femmes, fait annuellement pour 250,000 francs d'affaires. En 1865, M. Renault a obtenu une médaille de bronze à l'Exposition de Porto.

Morin fils et Cie, à Charleville (Ardennes).

N° 7. *Pinceaux et brosses.*

M. Morin fils appartient beaucoup plus à la classe 7 et à la classe 26, pour ses pinceaux et pour ses brosses, qu'à la classe 91. En 1855, la maison Morin fils obtenait une médaille sur six accordées à la fabrication des pinceaux en France. Pour quelles raisons le jury d'admission de la classe 7 a-t-il jugé à propos d'éliminer, dans ce nouveau concours international, une maison qui a si noblement représenté alors l'une des plus importantes industries de Charleville et qui, depuis, a toujours été en progressant? C'est ce que nous ne voulons pas approfondir. Notons seulement que la fabrication de Charleville, très-justement appréciée par nos peintres, ne figure pas à la classe 7.

Comme brosserie, la maison Morin, qui emploie les divers modes de fabrication, à la poix, à la ficelle et au laiton est arrivée à la dernière limite du bon marché en donnant des brosses à souliers communes à 10 centimes la pièce. Elle fabrique l'assortiment complet des brosses militaires, d'après les types ministériels.

Moisson (L.-A.), rue Saint-Honoré, 87. Paris.

N° 190. *Craie savonneuse pour tailleurs, craie pour les écoles et pour queues de billard.*

Pourquoi a-t-on placé M. Moisson dans la classe 91, quand personne ne représente à la classe 7 la spécialité à laquelle il appartient ? C'est un problème que nous ne nous chargeons pas de résoudre non plus que tant d'autres du même genre. Mais il est incontestable que sa place n'est pas parmi les exposants de la classe 91. Ses produits sont à bon marché assurément, mais la craie pour . les billards, la craie pour esquisser des tableaux, non plus que la craie perfectionnée pour tailleurs dont il expose des échantillons, ne devraient pas être détournées de leur place rationnelle et de leurs juges naturels, pour figurer très-mal à propos dans la classe 91 dont elles ne satisfont que fort imparfaitement le programme.

CLASSE 10

Inftruments de mufique.

MM. GAUTROT.
THIBOUVILLE-LAMY.

Gautrot (Pierre-Louis), à Château-Thierry (Aisne); à Paris, 80, rue de Turenne.

N° 140. *Tambours, trompettes, ophicléides.*

M. Gautrot est le premier qui ait appliqué la vapeur

à la facture des instruments de musique. Deux machines de 12 chevaux chacune fonctionnent dans ses ateliers de Paris et de Château-Thierry. C'est de là que provient la diminution de prix de ses instruments. Trois médailles à Paris (1844, 1849, 1855), deux médailles à Londres (1851, 1862), d'autres médailles à Toulouse, à Dijon, à Châlons et à Nantes ont déjà récompensé ses efforts.

M. Gautrot, qui prend part à l'Exposition de la classe 10, n'expose à la classe 91, que les instruments à bon marché de sa fabrication. Voici un aperçu de ses prix qui nous a semblé mériter une attention particulière.

	fr.	c.
Musettes de berger en noyer	»	40
— — ordinaire	»	60
Petites flûtes buis et ivoire, 5 clefs en cuivre.	5	75
Clarinettes, buis, viroles ivoire, 13 clefs cuivre	20	»
Flûtes tierces, buis et corne, 1 clef cuivre...	2	»
Flageolets à bec en buis		40
Flûtes à bec	1	25
— à 1 clef	2	40
— tierces buis uni	»	70
Flageolets buis et corne	»	70
Petites flûtes en ébène, garniture et 5 clefs maillechort	8	25
— en grenadille, garniture et 1 clef en cuivre	5	»
Flageolets, buis garni et 1 clef en cuivre	1	60
Fifres, buis et 1 clef en cuivre	2	»
Flageolets, buis et corne, 5 clefs en cuivre...	5	»

Fifres en grenadille, garnis en maillechort,
sans clefs... 3 25
Clarinettes dans tous les tons, buis, ivoire, et
6 clefs cuivre.. 9 25
Flûtes buis, garnies ivoire, 5 clefs en cuivre. 6 50
Cornets de poste... .... 3 »
Cornets à 2 pistons............................. 10 »
Cornets à 3 pistons......... .... 12 »
Ophicléides....................................... 34 »
Violons de 3 fr. 50 c., 4 fr., 4 fr. 50 c., 5 fr.

Thibouville-Lamy (Jérôme), r. Réaumur, 42 bis, à Paris.

(N'est pas porté au catalogue à la classe 91.)

M. Thibouville-Lamy expose un certain nombre d'instruments à cordes et à vent de fabrication très-soignée et dans des conditions de prix véritablement dignes de fixer notre attention. Voici la liste des principaux instruments qu'il a placés dans la classe 91.

Flûte en buis garniture de corne et clef
   cuivre. . . . . 2 fr.
Flûte en buis garniture ivoire et clef
   cuivre . . . . 3 »
Flûte ébène garnit. maillechort, 5 clefs. 13 50
Clarinette buis garnit. corne, 6 clefs cuivre. 7 50
Cornet trois pistons, 2 tons. . . . . 14 »
Cornet, 5 tons. 28 50
Ténor 3 gros pistons . . . . 35 »

Violon à. . . . .   4 fr. 20.. net 4 fr.
Violon à.   7   05.. net 6   75
Guitare   5   ».. net 5   60

CLASSE 12

*Inftruments de précifion. Mefures linéaires. Inf-
truments d'arpentage.
Inftruments d'optique ufuels.*

MM. Rougier et fils.
Barbier.
Luquin.

Rougier (E.) et fils, rue Michel-le-Comte, 16, à Paris.

N° 61. *Mesures pour ingénieurs, pour tailleurs et cordonniers.*

MM. Rougier fabriquent également les mesures pour architectes, les mètres pour tailleurs et cordonniers. Mais leur principale spécialité, pour laquelle d'ailleurs ils sont brevetés, c'est le *ruban métallique.* M. Rougier père avait remarqué que les grandes mesures, dont se servent les ingénieurs, se retiraient sous l'impression de l'humidité. Il résolut d'obvier à cet inconvénient. Après des essais successifs et dispendieux pour lesquels il sacrifia de six à sept mille francs, il est enfin parvenu à fabriquer une mesure invariable pouvant rivaliser avec celles des Anglais jusqu'alors reconnues comme les plus justes.

Voici quelques-uns des prix de MM. Rougier.

Décamètres (rubans métalliques), depuis 7 francs jusqu'à 72 francs la douzaine.

Mètres pour tailleurs à 5 francs la grosse.

Mesures imperméables en maroquin fantaisie, depuis 1 fr. 50 la douzaine.

Mesures à ressort, depuis 8 francs la douzaine.

MM. Rougier déjà récompensés pour leurs efforts en 1855, nous paraissent mériter une attention spéciale pour les nouveaux progrès qu'ils ont su depuis cette époque réaliser dans leur fabrication.

Barbier, rue Michel-le-Comte, 25, à Paris.

> N° 62. *Mètres en bois, en ivoire, en métal; mesures en rubans.*

M. Barbier est breveté pour ses mètres, doubles-mètres et jauges à ressort. Il en fabrique par an de 15 à 18,000, dans son usine de Levallois-Perret, 80, route d'Asnières. Sa fabrication de mesures sur rubans dites imperméables, pour tailleurs et cordonniers, de mesures de longueur pour ingénieurs, géomètres, etc., d'après l'étalon français ou étranger, s'élève à 20,000 par an. En mesures de toutes espèces de bois, de buis, de cuivre, de baleine et d'ivoire, il sort de chez lui plus de 18,000 mesures par an. Il occupe 25 ouvriers et son chiffre d'affaires, pour l'année 1866, s'élevait à 85,353 fr. 40 c.

Il a été choisi en 1867 par le comité des poids et mesures pour exposer dans le pavillon du parc.

Luquin (R.), rue Charlot, 73, à Paris.

Nº 127. *Verres d'optique et lunettes montées.*

Les verres de lunettes cylindriques de M. Luquin réalisent un progrès certain sur les anciens verres ordinaires. Ses prismes, ses objectifs sont dans de bonnes conditions, les lentilles qu'il a marquées à 48 francs la douzaine nous ont semblé de très-bonne qualité, mais l'ensemble de son exposition serait mieux placé à la classe 12 en concurrence et en comparaison avec les produits similaires.

CLASSE 14

Meubles.

MM. Mazaroz-Ribaillier.
Morisot.
Niderer.
Caruchet-Magisson.
Dieudonné et Dorenlot.

MM. Viollet.
Mutet.
Parrabère et Schang.
Letourneur frères.
Bourgine.
Brunet.

Mazaroz-Ribaillier et Cie, rue Ternaux-Popincourt, 4, à Paris.

N° 7. *Armoires à glaces ; lits, commodes en bois massif.*

M. Mazaroz-Ribaillier n'a envoyé à la classe 91 aucun des objets annoncés par le catalogue. En revanche, il y a exposé un buffet-bibliothèque en chêne sculpté qu'il a marqué 650 francs. Évidemment, M. Mazaroz ne s'est pas assez préoccupé de la pensée qui présidait à l'installation du groupe X. Sans doute ses nombreuses occupations pour l'agencement général de l'Exposition, qui lui avait été concédé à forfait l'auront détourné du but qu'il se proposait en réclamant une place parmi les produits à bon marché.

Morisot (J.), rue de Lyon, arcades 5 à 10, à Paris.

N° 10. *Panneaux ; siéges ; râteliers d'armes ; porte-chapeaux ; tableaux en chêne sculpté ; bois de cerf, bambous.*

M. Morisot expose tout d'abord des panneaux en chêne sculpté, marqués 1,200 francs et 300 francs ; un bois de cerf de 150 francs et le reste à l'avenant. Nous regrettons pour lui comme pour tant d'autres qu'on n'ait pas su le renseigner suffisamment sur le programme de la classe 91, que si peu d'exposants ont compris et auquel bien peu se sont conformés.

Niderer (J.), rue Fabert, 38 bis, à Paris.

> N° 14 *Siéges de salon recouverts en velours à bon marché.*

M. Niderer a poussé aussi loin que possible le bon marché dans les ameublements qui doivent conserver encore une apparence de confortable. Ces modèles sont pour l'ouvrier qui devient contre-maître, pour le petit commerçant, pour l'employé, des avant-goûts d'un confortable plus sérieux. Ce n'est pas toujours un bien, mais c'est pour quelques-uns une nécessité. C'est donc rendre service à ces misères cachées, à ces gênes silencieuses, que de leur permettre parfois de donner à leur intérieur un semblant de luxe et de leur en faciliter l'achat à bon compte. Chez M. Niderer, un mobilier en noyer, composé d'un lit à deux personnes, d'une commode, d'une table à manger, d'une table de nuit et de trois chaises, coûte 140 francs. Le lit contient un sommier élastique, un matelas, deux oreillers en plume et un traversin. Pour 25 francs de plus, on a le mobilier en acajou, et en ajoutant 58 francs, on a une armoire à glace à la place de la commode. M. Niderer vend 20 francs un bon fauteuil Voltaire garni en damas, 25 francs un fauteuil pouff ou crapaud, 27 francs un lit-canapé élastiqueavec dossier, le tout recouvert en algérienne. Enfin, pour 200 francs on peut avoir un mobilier de salon en acajou Louis XV, composé d'un canapé, de deux fauteuils et de quatre chaises, velours et clous dorés.

Caruchet-Magisson, rue Traversière-Saint-Antoine, 66, à Paris.

N° 8. *Meubles.*

Les meubles exposés par M. Caruchet-Magisson n'ont pas été fabriqués spécialement pour la circonstance. Nous avons retrouvé chez lui les mêmes modèles aux mêmes prix. Ses prix, d'ailleurs, sont connus sur la place de Paris, car ils n'ont pas varié depuis des années. M. Caruchet-Magisson s'est efforcé d'obtenir dans ses produits, non point un bon marché exagéré qui ne se réalise qu'aux dépens de la solidité et de la durée, mais le bon marché sérieux joint à la bonne fabrication. M. Caruchet-Magisson économise, par l'emploi d'une machine à vapeur qui fait fonctionner une scie circulaire et une scie à rubans, une notable partie de la dépense de main-d'œuvre. La division du travail par spécialités, l'exécution de ce travail par des ouvriers aux pièces lui permettent de produire rapidement et beaucoup, de se rendre un compte exact du prix de revient, et de pouvoir, par suite, maintenir des prix raisonnables.

Nous nous plaisons ici à rendre hommage au concours intelligent et énergique que Mme Caruchet-Magisson apporte à son mari dans la direction de ses affaires et la surveillance des travaux.

M. Caruchet-Magisson occupe en moyenne 50 ouvriers qui gagnent, l'un dans l'autre, 5 francs par jour. Ses provisions de bois sont toujours considérables, son outillage mécanique lui facilitant le débit au fur et à mesure des besoins. Il achète le noyer, l'acajou, etc., en épaisseur de 4 à 5 pouces.

Voici un aperçu de quelques-uns de ses prix, prix marchand et prix de détail :

Commode noyer, dessus de marbre, 4 pieds, 60 francs, pour 70 francs ;

Lit de noyer, de 3 pieds et 1/2 à 4 pieds, 50 francs ;

Table de nuit, noyer plein, 14 francs, pour 16 francs ; 18 francs, pour 22 francs ;

Table de nuit en placage acajou, 22 francs ;

Buffet-étagère noyer, ornements sculptés, 85 francs, pour 100 francs.

Maison de confiance.

Dieudonné et Dorenlot, rue Beaubourg, 71, à Paris.

N° 9. *Ameublement en hêtre et en chêne pour cuisine.*

On trouve à la maison du *Vieux chêne* dirigée par MM. Dieudonné et Dorenlot un assortiment considérable de meubles à bon marché et de meubles de cuisine. Nous avons remarqué à leur exposition de la classe 91, des produits en parfait rapport avec l'esprit du groupe X et nous nous ferons un devoir de les recommander. Citons entre autres un buffet étagère en sapin brut à 24 francs. Une armoire de 25 francs. Un buffet de cuisine, de 15 fr. 50 c. Une grande table pliante qui nous a paru un peu chère cependant, à 40 francs. Mais cette maison est en voie de production à bon marché et nous semble appelée à rendre de véritables services à la classe ouvrière.

Viollet (J.), rue du Faubourg-Saint-Antoine , 190, à Paris.

N° 12. *Chaises*.

L'industrie des chaises faites à la mécanique est due à M. Viollet. Le bois arrive chez lui en grume et la chaise en sort complétement terminée après avoir passé par un certain nombre d'opérations que nous avons suivies avec un grand intérêt et dont nous allons essayer d'esquisser l'ensemble. Dans la cour, de grands troncs de merisiers, de noyers, de chênes et de frênes sont accumulés. M. Viollet n'emploie pas de scieurs de long, c'est à l'aide d'une scie à ruban qu'il fait débiter son bois. Il sort tout cintré de cette opération, ayant déjà, grâce au travail docile de la machine, les pentes, les chantournements et la coupe voulus. Ce bois sèche ensuite huit jours dans une étuve. Après ce séchage il rentre dans les mains des ouvriers, qui lui font subir diverses métamorphoses, se le repassant de main en main, chacun cantonné dans sa spécialité et excellant dans sa tâche. Le tenon, la mortaise des divers morceaux destinés à l'assemblage se font mécaniquement, puis on assemble et l'on colle les différentes parties du dossier. Les trous pour le cannage du siége se font par le moyen d'une mèche mécanique, la place où les trous doivent être faits étant indiquée exactement au moyen d'une roulette-éperon.

Les pieds de derrière des chaises sont arrondis à la main. Les pieds de devant et les bâtons sont tournés au moyen d'un tour à la vapeur.

Le vernissage se fait également au tour, et le cannage est exécuté par des femmes et des jeunes filles.

Ces procédés mécaniques permettent à M. Viollet de livrer au commerce et aux particuliers, à des prix on ne peut plus réduits, des chaises très-élégantes, très-solides et qui ne laissent rien à désirer sous le rapport de l'exécution.

Il vend ses chaises cannées ou rotinées en merisier, en noyer, en imitation de bois d'ébène ou de palissandre, 5 francs pièce avec pieds tournés; 6 francs avec pieds Louis XV.

En chêne, 5 fr. 25 c.

Sur tous ses produits il fait 10 0/0 de remise.

M. Viollet emploie 70 à 80 ouvriers et ouvrières dans ses ateliers, de 40 à 50 personnes au dehors. La machine à vapeur qui fait mouvoir toutes ses scies, ses tours, ses découpoirs, est de la force de vingt chevaux. Les ouvriers gagnent en moyenne 5 francs par jour. Ceux qui sont aux pièces peuvent se faire 6, 8 et jusqu'à 10 francs. Son usine produit au moins par jour trente douzaines de chaises. Il évalue à 40,000 francs la valeur de son matériel, à 50,000 francs ses produits en magasin, et il fait en moyenne 400,000 francs d'affaires par an.

Nous ne saurions trop louer M. Viollet, qui est le créa-

teur de cette industrie et qui a composé et imaginé lui-
même tout cet outillage qui lui permet de faire mécaniquement, rapidement et régulièrement des produits qui
jusqu'alors s'obtenaient lentement et péniblement par le
travail manuel.

E.-F. Mutet, rue Barbette, 8, à Paris.

Nº 11. *Siéges, meubles en jonc.*

M. Mutet propose de remplacer les siéges en fer qui
sont aujourd'hui d'un usage général par des chaises en
rotin, d'une durée au moins égale mais d'un bon marché
qui laisse encore à désirer. Nous admettons parfaitement
la raison d'hygiène qu'il met en avant. Les siéges de fer
sont dangereux par leur fraîcheur excessive. Les enfants
qui viennent s'y reposer après leurs jeux, quand ils sont,
le plus souvent, en transpiration, et même les grandes
personnes de santé délicate sont fort exposés à y gagner
des refroidissements. Mais cette spécialité de meubles et
de chaises de jardin forme essentiellement une industrie
de luxe qui ressort de la classe 14. D'ailleurs les chaises
les plus ordinaires de M. Mutet coûtent 7 francs et ses
fauteuils 30 francs ce qui ne rentre guère dans les tarifs
utilitaires de la classe 91.

Parrabère et Schang, à Versailles (Seine-et-Oise),

Nº 13. *Siéges à dossiers d'une seule pièce cintrés à
la vapeur.*

MM. Parrabère et Schang, prennent une membrure

de 35 centimètres carrés, et en la chauffant à la vapeur ils la contraignent à se plier à toutes les courbes nécessaires pour former le dossier d'une chaise. Ce dossier d'une seule pièce pris dans le fil du bois assure, disent-ils, une grande solidité à la chaise. Une autre pièce également courbée à la vapeur forme dans le siége la partie postérieure et les deux côtés. La pièce de devant se rapporte à la vis. Le dos et le siége sont joints par un boulon. MM. Parrabère et Schang, qui sont les introducteurs en France de ce procédé, arrivent à livrer des chaises à 8 et 10 francs. Sans doute, ils chercheront, ils parviendront à baisser ces prix, car le bon marché qu'ils ont réalisé ne serait pas encore suffisant pour faire de leur nouvelle industrie un véritable progrès sur les anciens procédés, d'autant que la comparaison de leurs produits avec les chaises que M. Viollet livre à 5 francs ne leur est guère favorable.

Letourneur frères, rue Harlay-au-Marais, 11, à Paris.

N° 2. *Lits de cuivre et de fonte; meubles de fer pour appartements et jardins.*

MM. Letourneur, qui ont une fort belle exposition à la classe 14, ne semblent avoir mis à la classe 91 que des objets dont le bon marché, très-relatif, ne proviendrait que du peu de soin de leur fabrication. Nous avons remarqué des lits pliants pour enfants à 8 fr. 75 c. et à 11 fr. 50 c. à fond sanglé, des lits à 13 fr. 95 c. pour grande personne. Ces prix sont abordables. Mais les berceaux d'enfant à 36 francs, les lavabos à 40 francs, sont d'un prix infiniment trop élevé pour les classes ouvrières.

Bourgine (E.), rue Popincourt, 64, à Paris.

N° 141. *Seaux hygiéniques.*

M. Bourgine expose des seaux hygiéniques pour la toilette avec intérieur en porcelaine, des garde-robes, des bains de pieds, des brocs, des bidets fabriqués d'après le même système. Assurément des seaux en porcelaine à 8 francs, 12 francs, 30 francs sont des objets de luxe tout à fait hors de la portée des petites bourses et des situations modestes. Mais si M. Bourgine a été forcément réduit à exposer dans la classe 91, bien que ses produits ne répondent pas au programme de cette classe cela tient à la façon dont la classification des groupes I, III et IV a été faite. Nous avons longuement expliqué ce vice d'organisation dans la préface de ce livre.

Brunet, passage Jouffroy, 37, à Paris.

N° 35 *Crachoirs hygiéniques.*

Un crachoir hygiénique à pédale, ferait une triste figure dans un atelier ou dans une mansarde. Qu'il soit adopté par le cercle impérial, nous le comprenons, mais il ne peut figurer à aucun titre à la classe 91. C'est parmi les meubles de luxe qu'est sa véritable place.

CLASSE 15

Literie.
Objets de décoration & d'ameublement.

MM. Maldant.
    Michaut.
Mmes Poussin.
M.   Massé.
Mme Ve Brag et fils.
MM. Legrand et Corblet aîné.
    Carmoy.
    Maillet.
    Maret-Besson.
    Roddiet-Plichon.
    Faure.

A. Maldant, rue Jessaint, 6, à Paris.

N° 4. *Literie dite hygiénique à air continu.*

Le système de literie proposé par M. Maldant, consiste en des appareils de ventilation qui font circuler l'air dans toute l'étendue des oreillers, des traversins et des sommiers, de façon à entretenir constamment une température douce, modérée, égale qui se renouvelle sans cesse par l'introduction de l'air frais. Pour compléter son invention, M. Maldant place dans l'intérieur des traversins et des oreillers, transversalement des cloisons en toile qui maintiennent les matières à leur place et les empêchent de se dresser en double rempart autour de la tête. Ainsi, en prenant pour exemple le traversin, l'appareil de ventilation se compose : d'un tube de matière flexible qui est percé d'une certaine quantité de trous, dans lesquels viennent s'embrancher de petits tubes de différentes grandeurs qui se perdent dans l'intérieur de la garniture. Ce tube traverse le traversin dans toute sa longueur et occupe le milieu. Le traversin, rempli de plumes, de laine et de crin, est recouvert ainsi que les deux extrémités du tube d'un canevas, puis d'une toile qui lui sert de taie. Enfin, cette toile est percée de petits œillets pour donner passage à l'air. Le système est le même dans l'oreiller. M. Maldant peut facilement, et à peu de frais, adapter son appareil aux anciens oreillers et traversins. Il a de plus inventé un oreiller articulé qui se hausse au moyen d'une crémaillère et qui nous a paru de nature à rendre de très-bons offices aux personnes malades d'affections qui les empêchent de se mouvoir et à faciliter à ceux qui les entourent les divers soins qui sont nécessaires.

Michaud, boulevard Saint-Michel, 59, à Paris.
(Ne figure pas au catalogue.)

Literie. Oreiller de santé.

M. Michaud expose un oreiller qu'il a baptisé : « Oreiller de santé. »

Suivant ses affirmations cet oreiller en crin bien

épuré ne concentre pas la chaleur, ne se durcit pas, ne se met pas en boules comme les anciens oreillers de crin, il ne s'aplatit même pas après un long usage, et M. Michaud garantit son oreiller de santé pour 20 années « de bons services. » Nous avons tenu à nous rendre compte de son procédé de fabrication. M. Michaud nous a ouvert un de ses oreillers. Aucun mécanisme ne concourt au résultat obtenu. M. Michaud a simplement imaginé de diviser le crin contenu dans l'oreiller en deux portions égales séparées l'une de l'autre, la portion supérieure de la portion inférieure par un fort canevas à grands jours. La moindre pression amène entre les deux parties de crin une solution de cohésion qui donne passage à l'air chaud et permet à l'air frais de rentrer, les courants froids de l'atmosphère tendant toujours à se substituer aux couches d'air chaud plus légères, partout où ils peuvent les remplacer. C'est pour cela que M. Michaud laisse à la partie supérieure de l'enveloppe de coutil de son oreiller une ouverture de quatre à cinq centimètres, très-suffisante comme prise d'air. On comprend, alors, comment chaque matin en battant par les flancs un oreiller ainsi combiné, on en peut avec facilité chasser l'air corrompu, on lui rend sa souplesse et toutes ses qualités hygiéniques.

M. Michaud vend son oreiller de santé 9 francs pour enfants, 13 et 16 francs deuxième qualité pour grandes personnes. Et la première qualité 19 francs.

Mmes J. Poussin et D. Poussin, rue de l'Arc-de-Triomphe, 33, à Paris.

N° 5. *Lits de fer et literie.*

Le système de Mmes Poussin constitue dans la literie des enfants et des infirmes un progrès vraiment sérieux. Grâce à ce système l'enfant se trouve toujours dans un coucher sain, ne conservant pas l'humidité, quand même il aurait été pris la nuit d'un de ces besoins auxquels on ne résiste pas à cet âge. Car le matelas est disposé de telle sorte que l'eau s'épanche au travers, passe par le sommier également préparé *ad hoc* et va se déverser dans un vase ajusté sous le sommier. De cette manière les matelas d'enfants ne conservant plus cette humidité nuisible pour laquelle on n'avait trouvé que des palliatifs insuffisants, ils n'exhalent plus d'odeurs malsaines, enfin une économie importante se réalise par la plus grande durée de la literie. Ce système s'adapte également au lit des vieillards, des infirmes et des gâteux.

Massé, rue du Faubourg-Saint-Martin, 33, à Paris.

N° 1. *Sommiers élastiques pour hôpitaux et pensions.*

Nous avons examiné avec beaucoup d'attention le *sommier oriental* de M. Massé, et nous sommes restés convaincus qu'on n'a rien fait de mieux jusqu'à ce jour. Lorsque M. Massé a demandé à être admis à la classe 15, où figurent toutes les autres espèces de sommiers, des influences concurrentes ont fait rejeter sa demande, et pour réponse péremptoire on lui a dit qu'*on n'y voulait que des objets d'art*. Nous ne croyons pas que le sommier Tucker soit un objet d'art ; mais après comparaison faite, nous n'hésitons pas un instant à donner l'avantage au *sommier oriental* pour l'élasticité, la solidité et la sanité. Le plus mince matelas suffit pour être admirablement couché sur ce sommier qui se prête souplement à tous les mouvements du corps. Avec ce sommier il n'est plus besoin ni de plusieurs matelas, ni de lit de plume, et l'économie en est importante. De plus, sa construction est telle que nous comprenons que M. Massé puisse le garantir vingt ans sans craindre qu'on vienne jamais lui redemander de réparations vraiment sérieuses.

Veuve Brag et fils, rue de Rambuteau, 16 à Paris.

N° 6. *Lits de fer et objets de literie.*

La fabrication du *Colosse de Rhodes* est considérable ; mais ses prix ne nous paraissent pas encore suffisamment abordables pour les classes nécessiteuses. C'est d'ailleurs et surtout dans la classe aisée que se recrute et se maintient la clientèle de cette importante maison.

Legrand et Corblet aîné, rue Folie-Méricourt, 30, à Paris.

N° 201. *Galeries, patères, rinceaux pour appartements, zinc ouvré.*

Les produits de l'usine de MM. Legrand et Corblet sont éminément des produits de luxe. Assurément des galeries en cuivre estampé sont moins chères que des galeries en bois doré ou en chêne sculpté, mais ce n'est cependant pas là un produit utile aux classes ouvrières. Avant de se composer un intérieur ayant une apparence de luxe, le travailleur à les besoins de sa famille à satisfaire, et ne s'avisera pas de garnir ses fenêtres de doubles rideaux, si bon marché, relativement, qu'il puisse le faire. Les patères sont également un luxe dont il n'a pas besoin. Les rinceaux pour appartement ne figurent assurément pas dans nos cités ouvrières. Enfin les attributs pour drapeaux, flèches et aigles estampés en cuivre qui peuvent faire réaliser des économies aux entrepreneurs de fêtes publiques ou aux maires de village, ne nous paraissent pas rentrer suffisamment dans l'esprit de la classe 91, pour que nous ayons même besoin ici de constater la modération des prix par une comparaison avec les produits similaires.

Carmoy, rue des Trois-Bornes, 37, à Paris.

N° 187. *Clous dorés pour meubles.*

La spécialité de M. Carmoy est une de celles que nous voudrions voir rentrer dans la classe 45. Il a certainement fait progresser l'industrie des clous dorés pour meubles. Mais les meubles à clous dorés sont du ressort de la tapisserie de luxe, et c'est un degré de confortable dont peuvent très-facilement se passer nos clients de la classe 91.

Maillet, rue de Bondy, 9, à Paris.

> N° 153. *Supports en caoutchouc pour adapter aux glaces.*

La patère pneumatique de M. Maillet fonctionne grâce à une base en caoutchouc qu'une vis de rappel fait jouer de façon à produire le vide. Il affirme qu'elle peut rester appliquée et adhérente avec une grande puissance sur le verre, le marbre, les glaces, le stuc, le bois. Enfin elle supporte plusieurs kilogrammes. Toutes ces qualités constatées peuvent et doivent lui valoir une place à l'Exposition Universelle. Mais à quel titre cette place lui serait-elle assignée dans la classe 91? Nos ouvriers n'ont nul besoin d'appliquer sur leurs glaces des patères pneumatiques. C'est à la classe 15 qu'appartient absolument et exclusivement M. Maillet.

Maret-Besson (Benoit), à Roanne (Loire).

> N° 204. *Fabrique de lettres en relief et attributs.*

Les enseignes ne sont pas, à vraiment parler, de la classe 91. Bien que nous ayons à nous préoccuper des petits trafiquants, ce ne sont ni les lettres en porcelaine, ni celles en cuivre, ni en zinc, ni en relief d'aucune sorte que choisiront les petits boutiquiers forcés d'aller à l'économie. La lettre peinte est encore la plus simple et celle qui coûte le moins.

C'est donc faute de vouloir leur désigner une place où ils figureraient plus logiquement, soit dans la classe 15, soit dans une classe spéciale, qu'on a encombré de ces produits, si peu conformes à son programme, la classe 91, que chacun semblait se plaire à éloigner davantage de son but.

Nous en dirons autant pour les produits de MM. Lucas (Élie) et d'Hiver, Ancian et Lemmens, dont les produits sont remarquables à divers titres, mais tout à fait déplacés dans une classe dont le but unique devait être l'amélioration physique de la population laborieuse.

Roddiet-Plichon, rue de la Perle, 11, à Paris.

> N° 207. *Fabrique d'enseignes ; lettres de cuivre découpées.*

La spécialité de M. Roddiet-Plichon consiste dans les enseignes en lettres de cuivre découpées, sous cadre de verre. Les quelques lettres qu'il a envoyées comme spécimens, placées à une grande hauteur et dépourvues de toute étiquette indiquant les prix, ne nous permettent pas de faire entrer les produits de M. Roddiet-Plichon en comparaison avec ceux de ses concurrents.

Faure (Victor), rue Montorgueil, 94, à Paris.

> N° 206. *Tableau de différents genres de lettres en relief.*

M. Faure fabrique et expose des lettres en zinc découpées à la main. Les épaisseurs sont soudées. Toute espèce de métal d'ailleurs peut remplacer le zinc au besoin. Mais il nous paraît avoir atteint un progrès réel par le bon marché auquel il livre des produits bien exécutés, 10 centimes le centimètre, tout doré. Très-utile aux petits industriels qui ne peuvent faire de grandes dépenses d'installation et aux sociétés coopératives.

CLASSE 16

Verrerie, Bouteilles.
Miroiterie.

MM. BALLY.
MILLET-BRICOURT et Cie.
MASSON.
WAGRET, E. SERRET ET Cie.
PAILLARD.

Bally (P.-H.), à Faymoreau (Vendée).

N° 155. *Bouteilles.*

M. Bally a réalisé un progrès des plus importants dans l'industrie des bouteilles en verre, par l'application d'un appareil mécanique de son invention, qui sert à *piquer*, à *marbrer* et à *dresser* les bouteilles. Quelques détails sur ces diverses opérations sont nécessaires pour faire bien comprendre l'importance du procédé nouveau. Nous les lui empruntons :

« Le piquage, le marbrage et le dressage ont lieu au moment où la bouteille sortant du moule et encore à l'état de pâte mais d'une consistance déjà ferme, tient à la canne par un long col et présente au bout opposé la forme d'un cul d'œuf, avec ou sans boudine.

Piquer la bouteille, c'est enfoncer le cul d'œuf dans la bouteille à l'aide d'un morceau de fer recourbé appelé *molette*.

La marbrer, c'est la rouler sur une plaque nommée *marbre*, pour arrondir et resserrer le fond qui s'est élargi pendant le piquage.

La dresser, c'est en appuyer le fond sur une plaque de fonte désignée sous le nom de *popoire*, afin de le dresser.

Ces trois opérations se font l'une après l'autre et à la main. On conçoit la difficulté de les faire régulièrement; aussi, les bouteilles fabriquées par ce procédé, qui date de l'enfance de l'art du verrier, et qui cependant est encore en usage dans toutes les verreries du monde, ont-elles de nombreux défauts. Pour s'en convaincre, il suffit d'en poser un certain nombre sur une table horizontale à surface droite, une table de marbre par exemple : on remarque que presque toutes penchent plus ou moins d'un côté ou vacillent, parce qu'elles n'ont pas été bien dressées ; que la plupart sont plus grosses à la base qu'au flanc ou ne sont pas rondes, parce qu'elles ont été mal marbrées ; que leurs piqûres ne sont ni droites, ni de même forme, ni d'égale profondeur.

Peu apparents dans un lot de bouteilles choisies, ces défauts sautent aux yeux dans les bouteilles prises au hasard dans les piles des marchands ou des fabricants, c'est-à-dire dans celles livrées au commerce.

Le plus grand de tous, c'est le manque d'aplomb et c'est le plus commun, surtout dans les bouteilles à base étroite comme les bordelaises. Les bouteilles insuffisamment ou mal marbrées ne portent lorsqu'elles sont couchées que sur deux points, à la base et aux épaules, ce qui, on le comprend, les rend beaucoup plus sujettes à se casser dans les tas et dans les caisses. Enfin les piqûres mal faites produisent un disgracieux effet et rendent souvent le rinçage de la bouteille difficile. »

L'appareil inventé par M. Bally permet de faire mécaniquement et d'une façon exacte et identique, les trois opérations que nous venons de décrire. Économie de main d'œuvre, rapidité d'exécution, amélioration des produits, tels sont les excellents résultats obtenus qui se confirment et se complètent par une diminution sensible du prix.

Millet, Bricourt et Çie, à Masnières (Nord).

N° 154. *Bouteilles-dames-jeannes; cloches.*

Les bouteilles et les cloches de MM. Millet, Bricourt et Cie méritent l'attention. Mais c'est principalement pour leurs dames-jeannes qu'ils ont réalisé un progrès véritable et une réduction de prix importante. Voici les quatre grandeurs qu'ils exposent à la classe 91 :

Dame-jeanne d'une contenance de	4 litres, fr.	0 75
—	— 15 —	1 70
—	— 20 —	1 95
—	— 60 —	5 35

La carapace d'osier qui enveloppe ces dames-jeannes est très-solide et à mailles serrées.

Masson (Victor), à Chagny (Saône-et-Loire).

N° 157. Bouteilles en verre de toutes sortes.

M. Masson expose des bouteilles en verre d'une fabrication très-soignée et de formes très-variées. Nous regrettons que l'absence de toute indication de prix ne nous permette pas de nous rendre compte des progrès qu'il a pu réaliser.

Wagret, E. Serret et Cie, à Escaupont (Nord).

N° 152. Verrerie; bouteilles en verre de toute nature.

La verrerie d'Escaupont date de 1836. Elle ne se composait au début que d'un seu four à bouteilles. En 1858 la Société Wagret, L. Serret et Cie, succédant à la raison sociale Van Cauvelaërt et Wagret, se trouvait à la tête de trois établissements : la verrerie d'Escaupont (3 fours à vitres et à bouteilles), la verrerie de Fresnes (3 fours à vitres), la verrerie d'Anzin (2 fours à bouteilles). Cette Société occupe actuellement 400 ouvriers, dont l'ensemble des salaires annuels atteint 600,000 francs, et produit 760,000 mètres carrés de verre et 4,000,000 de bouteilles.

Nous pourrions nous borner à vanter les excellents produits de la verrerie d'Escaupont, mais c'est par un titre plus élevé que la Société Wagret, Serret et Cie se recommande encore à l'attention de tous ceux qui s'intéressent à la situation des classes ouvrières, et, comme il se présente dans la société industrielle de France des faits auxquels on ne saurait donner trop de publicité,

nous allons laisser exposer tout au long à M. de Boisset
les luttes et les triomphes du chef de cette importance
usine dans une question populaire de la plus haute
importance :

« Pour M. Wagret, une usine n'était pas seulement
une association d'intérêts matériels. Non-seulement il a
su faire régner dans les trois établissements qu'il dirige
l'esprit d'ordre qui le distingue, mais il a recherché les
améliorations utiles à cette grande famille d'ouvriers.

Il comprit qu'il leur rendrait un service éminent en
leur procurant à bon marché des logements susceptibles
de leur donner des idées d'ordre et de bonne conduite.
Un ouvrier logé est bien vite, comme on l'a dit, un ouvrier fixé, marié et heureux.

C'est alors que M. Wagret fit étudier la question par
M. Vengnies, architecte distingué de Paris, et du concours de ces deux intelligences est née la cité ouvrière
construite devant la verrerie d'Escaupont, dont le plan
en relief, admis à l'Exposition universelle de 1855, a
valu une mention honorable à la Société, et qui depuis
figure au musée industriel de Lille, où il a été demandé
par la commission de ce Musée en 1856.

Cette cité se compose de trois corps de bâtiments; les
deux premiers, formant ailes, ont douze maisons chacun
et le troisième dix-sept maisons.

Les maisons des deux premiers corps de bâtiments,
affectées au logement des ménages dont les familles se
composent de plusieurs personnes, comprennent : deux
pièces au rez-de-chaussée, deux pièces au premier, une
cave, un grenier, un escalier pour chaque maison, un

corridor en bas et en haut, et un balcon à chacune d'elles.

Le troisième corps de bâtiments, particulièrement composé de maisons ayant deux pièces, une basse et une haute, avec grenier et cave, est loué aux petites familles.

Chaque maison a un jardin de 30 mètres en moyenne ; chaque famille a son cabinet d'aisances.

Les maisons des angles ont trois pièces basses et trois pièces hautes ; elles servent de maisons de rapport : telles que boulangeries, épiceries, etc.

Un lavoir commun avec chaudières, un séchoir en plein air, un four commun à cuire le pain, une salle de bain, etc., des pompes à eau pluviale et de source, sont au service des locataires de cette cité.

Un règlement spécial régit l'ordre de la cité.

C'est ainsi que M. Wagret a su combiner heureusement l'indépendance morale de chaque famille avec les bienfaits économiques de l'association.

Un vaste terrain est réservé pour l'élévation d'une école de filles et d'une école de garçons. L'administration des verreries espère ériger bientôt ces écoles. Ce projet serait exécuté depuis longtemps si le village, au centre duquel se trouve la cité, ne possédait déjà ces écoles.

Tout en visant à un but essentiellement philanthropique, procurer aux ouvriers des logements sains et confortables qui réunissent toutes les conditions de l'hygiène, la Société avait voulu démontrer que ce but pouvait être atteint, sans que l'ouvrier cessât pour ainsi dire de devoir tout à lui-même, sans qu'il perdît rien de cette responsabilité qui seule constitue le principe de la vertu morale ; elle voulait démontrer aux autres industriels qu'ils pouvaient suivre un pareil exemple sans aucun sacrifice de leur part, en y gagnant au contraire, par la stabilité et l'esprit d'ordre de leurs ouvriers. C'est ce que l'expérience a confirmé. La location, réduite à sa plus basse limite, rémunère cependant le capital déboursé au taux de 4 0/0.

La salubrité de nos maisons ouvrières a été consacrée par l'exemption du choléra, qui a exercé des ravages à plusieurs reprises dans la contrée, et surtout en 1866, dans les localités attenantes.

La première pierre de la cité a été posée le 1er juin 1851, et son inscription prouve l'idée qui a présidé à la fondation de l'édifice. Cette inscription est ainsi conçue :

« Ce bâtiment a été fondé par MM. Van Cauwelaërt et Wagret, maîtres de verreries à Escaupont, pour aider à la moralisation des ouvriers, en leur procurant des logements sains et commodes. La première pierre a été posée par Mlle Adolphine Wagret, âgée de seize ans, le 1er juin 1851. »

Mais, avant même la réalisation de cette idée de cité ouvrière, M. Wagret s'était toujours préoccupé du progrès physique, moral et intellectuel de ses ouvriers.

Dès 1846, il fonda parmi eux une Société d'harmonie. Cette Société existe depuis cette époque ; elle n'a jamais compté moins de cinquante-cinq exécutants, et, bien qu'elle soit exclusivement composée d'ouvriers attachés auxdits établissements, elle a conquis des médailles dans tous les concours publics. Les effets moralisateurs des études musicales sont très-appréciables sur les ouvriers qui s'y adonnent; en élevant leurs sentiments, elles forment un lien de plus entre eux et ennoblissent leurs loisirs. Les musiciens ont adopté un très-bel uniforme, et portent dans les concours une riche bannière à la lyre de laquelle sont suspendues vingt-cinq médailles.

Cette bannière a été offerte par la femme d'un des associés.

Dans de telles conditions, les ouvriers ne se considèrent plus que comme formant une grande et même famille avec les patrons et sont tous disposés à les suivre dans la voie de tous les progrès.

Un projet de caisse de secours mutuels est à l'étude. Sa création aura lieu sous peu de temps. Jusque-là l'établissement continuera à faire comme par le passé, c'est-à-dire qu'il supportera seul les frais qu'occasionnent les soins à donner aux invalides du travail.

Mais si l'esprit de M. Wagret était ouvert à toutes les inspirations d'une généreuse sympathie pour les ouvriers, il n'ignorait pas que la justice est une vertu qui prime encore la bienveillance. Il eut occasion de le montrer.

Personne n'ignore le privilége qui pesait si lourdement il y a trois ans encore, sur notre industrie et qui, dans maintes circonstances, l'a rendue si pénible pour ceux qui s'y adonnaient.

Le privilége des gentilshommes verriers, aboli en **89**, s'était conservé dans la hiérarchie ouvrière; le *souffleur* ne permettait pas qu'un aide ou *grand garçon* pût devenir souffleur s'il n'était issu de verriers; ni l'*aide* qu'un apprenti ou *gamin* s'élevât de même à sa catégorie.

Soixante-quinze ans après notre grande révolution, le droit commun de tous au travail était dénié par des ouvriers, imitation surannée de l'esprit aristocratique d'une autre classe. Ces prétentions causaient un égal tort aux ouvriers et aux patrons, en s'opposant au progrès de la libre concurrence.

Il fallait une âme énergique pour lutter contre des préjugés aussi enracinés ; le courage civil qui brave une impopularité même imméritée n'est pas le moins rare.

Fils de ses œuvres, esprit net et logique, M. Wagret devait plus que tout autre répugner à de pareils errements si irrationnels.

Depuis de longues années il combattait ce privilège ; le premier, il osa rompre en visière en faisant, en 1862, des élèves *grands garçons*.

Sa détermination, nécessitée par le droit de tous au travail, fut suivie d'une émeute dans nos établissements d'Anzin, où la mesure avait été appliquée, et il ne fallut rien moins que la gendarmerie pour calmer l'effervescence des soi-disant privilégiés. Des arrestations eurent lieu, puis des condamnations. Mais la direction ne voulant rien devoir à l'emploi de la force, qui ne produit rien de stable ; une supplique fut adressée au chef de l'État pour la remise des peines, et sa clémence ne fit pas défaut.

Le privilège, dans la mesure prise, n'avait été atteint qu'en partie, et les autres catégories d'ouvriers conservaient l'arbitraire des anciennes traditions.

Ne pouvant tolérer davantage les abus d'un autre siècle, M. Wagret adressa, en 1863, à M. le sous-préfet de Valenciennes, une lettre où il s'élève avec force contre ces abus, et propose, pour les atteindre, la création par l'État d'une école de souffleurs-verriers dans le genre des écoles de Châlons, de Saint-Étienne, des fermes-modèles où l'on fait des agriculteurs, etc.

L'administration impériale, si dévouée aux intérêts industriels, ne put donner suite à l'ensemble des idées émises dans cette lettre ; mais elle promit son ferme appui pour le jour où, disposés à rompre ce privilége, des maîtres de verreries réclameraient son intervention.

M. Wagret, soutenu, ne prit ni trêve ni repos qu'il n'eût décidé ses confrères à s'affranchir du joug des verriers privilégiés, et enfin, le 15 octobre 1863 fut le jour de l'émancipation.

Comme on l'avait prévu, le coup fut terrible, et, dès le jour même de la mise à exécution, les fours se virent troublés, puis désertés. Ni les conseils paternels de la gérance, ni la garantie pendant plusieurs années d'un salaire au moins égal au salaire actuel, ne purent calmer l'effervescence.

Nous ne voulons pas de bâtards ! tel était le cri général.

Certains établissements durent faire réprimer ce désordre par des arrestations. Cette pénible extrémité fut épargnée aux gérants des verreries d'Escaupont.

Enfin, voici trois ans que la verrerie s'est émancipée. Les salaires depuis lors ont été en augmentant, preuve évidente de l'idée juste qui guidait M. Wagret.

Le droit au travail existe pour tous ; des anciens gentilshommes verriers, si jaloux de leurs priviléges et qui prétendaient par leur industrie ne pas déroger de noblesse,

il ne reste plus que l'extension universelle de leur adage,
qu'un illustre orateur, M. le prince de Broglie, traduisait
ainsi devant une réunion d'ouvriers verriers « : Aujour-
d'hui c'est le travail tout entier qui est noble en France,
de la noblesse du devoir accompli devant Dieu et du
service rendu à la société. »

Aujourd'hui, le simple apprenti peut arriver au grade
le plus élevé de la hiérarchie verrière ; tout ouvrier peut
devenir, en quelque sorte, gentilhomme souffleur ou
gentilhomme verrier.

Il trouve dans cette belle et lucrative profession la compensation méritée de ses efforts, et il ne reste plus toute
sa vie le pauvre paria des temps passés et le subordonné
du fils du privilégié.

Les verreries d'Escaupont revendiquent très-haut l'idée
mère de l'abolition du privilége ; et, en brisant les chaînes
de l'abus, elles ont légué au pays une source de richesses
considérables et une prospérité universelle dans la classe
ouvrière.

Les verreries d'Escaupont n'ont pas reculé devant les
risques et les sacrifices momentanés à la formation des
élèves ; mais leurs encouragements ne sont pas restés
infructueux : il a déjà été fait cent quatre élèves à Escaupont. Les produits des élèves sont très-beaux ; ils
doivent cette perfection à l'entraînement, à l'émulation,
à l'ardeur nouvelle d'une position conquise. Aussi les
verreries d'Escaupont n'ont-elles voulu exposer que des
produits d'élèves à la grande lutte industrielle de 1867.

On peut le dire, la verrerie d'Escaupont, depuis 1836,
a fait naître autour d'elle un centre de population ou-

vrière laborieuse, heureuse et très-aisée. Le village, qui comptait à peine sept cent cinquante âmes en 1836, en a aujourd'hui prés de douze cents ; le bien-être s'est ré pandu partout ; chaque famille a sa ressource d'avenir dans le travail lucratif de la verrerie.

Si vous avez bien voulu nous suivre dans cet aperçu de l'établissement d'Escaupont, nous avons essayé de vous montrer, pour nous résumer : une prospérité trentenaire et constamment progressive. des créations multiples au profit des ouvriers, que l'on considère comme une famille, que l'on moralise par le bien-être et que l'on enrichit par l'ordre, une grande fertilité de ressources et d'inventions, enfin une courageuse et consciencieuse attaque de gothiques priviléges, attaque couronnée par la liberté féconde rendue à l'industrie.

Pourquoi ferions-nous difficulté de le reconnaître : la part tout entière et l'honneur en reviennent à M. Wagret, notre directeur, qui, dans une longue carrière si bien remplie, a su montrer ce que d'une petite usine peut faire un sage et habile industriel, quand il réunit une volonté de tous les instants, une intelligence ouverte à tous les progrès, et une âme également ferme et bienveillante. » (P. de BOISSET ingénieur, membre du conseil de surveillance des verreries d'Escaupont.)

Paillard (E.-A.), rue du Grand-Chantier, 16, à Paris.

N° 15. *Zinc ordinaire et petites glaces.*

M. Paillard a établi son usine à l'avenue Parmentier.

Elle occupe, derrière l'église Saint-Ambroise, un vaste corps de bâtiment, où se trouvent à la fois ses ateliers de miroiterie, de bimbeloterie de zinc, et de bronzes d'imitation.

Quelque importance que paraissent avoir ces deux dernières branches de son exploitation, elles n'en sont cependant pour ainsi dire que les accessoires; il n'a créé la dernière que pour utiliser les déchets considérables que donne la fabrication des miroirs.

L'usine est desservie par une machine à vapeur de la force de 10 chevaux, qui donne le mouvement aux machines, et vient en aide au travail de 180 ouvriers ou ouvrières qui y sont constamment occupés. Le zinc et le verre, les deux matières principales mises en œuvre, entrent dans l'usine, le premier en bandes, le second en feuilles.

Pour les miroirs unis, la bande de zinc est découpée par flancs ronds emboutis pour former boîte, à l'aide d'une machine inventée par M. Paillard pour simplifier des opérations qui dans le principe occasionnaient une dépense notable en main-d'œuvre.

Pour les miroirs estampés, les bandes de zinc sont posées sur un appareil qui, leur faisant subir l'action de tampons pourvus d'un mouvement de va-et-vient, leur donne en quelques minutes tout le poli désirable.

En quittant l'appareil de polissage, la bande est divisée en parties de dimensions déterminées, et chacune de ces parties, destinée à fournir un des côtés de la boîte du miroir, subit successivement l'action des machines à découper, à estamper, à guillocher, jusqu'à ce qu'elle ait pris la forme convenable pour recevoir la glace étamée. Beaucoup de ces machines ingénieuses ont été inventées par M. Paillard, toutes les autres ont dû être modifiées par lui. La conduite de chacune de ces machines peut être confiée à des vieillards, des femmes ou des enfants, dont le salaire, quoique honorablement rémunérateur pour eux, devient presque insignifiant en face de l'énorme quantité des produits obtenus.

La feuille de verre polie est portée aux ateliers d'étamage. Au lieu d'être immobile, la plaque sur laquelle se fait cette opération bascule au-dessus de la cuvette à mercure ; une simple inclinaison opérée par l'ouvrier fait alors glisser le vif-argent ; il y a plus de rapidité et de régularité dans l'étamage et l'insalubrité de l'opération diminue d'une manière notable.

Les feuilles étamées passent alors aux mains des découpeuses, qui les débitent à l'aide du diamant et d'une table tournante, en miroirs ronds d'une diamètre voulu. Des ouvrières placées à côté d'elles posent ces petites glaces dans la boîte destinée à les recevoir et les font passer aux ouvriers chargés de les fixer solidement.

Il ne reste plus alors qu'à nettoyer le miroir, à le classer et à le livrer au commerce ; mais pour être ainsi transformées, les feuilles de zinc et de verre ont passé dans trente mains différentes et y ont subi autant d'opérations spéciales ; et cependant leur prix de revient est assez minime pour que, vendus un sou, ils laissent au fabricant un honnête bénéfice. Toutes les machines ou les procédés employés dans cette longue série d'opérations ont été inventés par M. Paillard, comme nous l'avons dit plus haut, ou modifiés et appropriés par lui à cette application nouvelle.

Outre les miroirs à barrettes en zinc ou en cuivre, il fabrique également les miroirs carrés, en cuivre ou en zinc, à cadre découpé ou estampé; une série de machines spéciales y est employée.

Quinze mille miroirs sont journellement fabriqués dans l'usine. Cette énorme fabrication donne des déchets considérables, en cuivre et en zinc et en verre étamé, qui occasionneraient une perte très-grande s'ils étaient vendus comme tels. Il leur a cherché et trouvé dans son exploitation même des emplois plus utiles et plus fructueux.

Le zinc et le cuivre vont à la fonderie; les déchets de glaces sont soumis à un traitement qui en retire le mercure et l'étain par la distillation; le verre retourne à la verrerie.

Les articles de bimbeloterie et les objets d'art en zinc ou bronzes d'imitation sont les branches accessoires de cette exploitation.

Quelques-uns de ces articles de bimbeloterie forment à eux seuls des spécialités considérables. Le jury de 1855 citait avec éloges les bronzes d'imitation de M. Paillard, et ses produits en ce genre ne nous ont pas paru avoir rien perdu de leur mérite depuis cette époque. Tout ce qui concerne la confection du bronze d'imitation, depuis la fonderie jusqu'au galvanisme et au bronzage, est réuni dans les ateliers de l'usine de l'avenue Parmentier.

Nous ne pouvons mieux faire, pour compléter cet aperçu rapide de l'industrie intéressante de M. Paillard,

que de citer le rapport fait à son sujet par la Commission
du jury lors de l'Exposition de 1849 :

« Ce qui a fixé l'attention du jury, c'est la miroiterie
» que l'on peut appeler populaire, celle qui va s'offrir aux
» prix les plus modiques dans nos faubourgs, nos caser-
» nes et nos campagnes. De grands ateliers, de nombreux
» ouvriers, une foule de machines ingénieuses, viennent
» concourir toutes ensemble à la production d'un miroir,
» qu'un industriel habile peut vendre à un sou, parce
» qu'il en vend, année commune, plus de cinq millions.
» Faire participer ainsi les classes pauvres à quelques
» unes des jouissances *réservées aux riches*, en mettant
» ce luxe à la portée des bourses les plus mal fournies,
» c'est un progrès industriel dont les conséquences ne
» sont pas à dédaigner, quand cette extension, donnée au
» bien-être de tous, profite, grâce à l'intelligence du chef
» de la maison, à l'existence heureuse de cent-dix
» ouvriers, d'innombrables colporteurs, et à sa propre
» fortune.

» Ce grand atelier a été fondé en 1841, et s'est accru
» chaque année à mesure que son chef habile étendait
» le cercle de ses opérations, s'appliquant exclusivement
» dans l'origine à la fabrication des miroirs de poche,
» montés sur zinc et sur cuivre.

» M. Paillard a entrepris successivement l'imagerie
» encadrée, l'estampage, les jouets d'enfants, les objets
» de sainteté comme crucifix, bénitiers, etc., etc. et la
» bimbeloterie, les étuis à lunettes, les porte-allu-
» mettes, etc., etc.

» Une grande modicité de prix ne pouvait être obtenue,

» et celle qu'il a atteinte ne s'explique que par l'emploi
» de machines ingénieuses et la réunion dans un seul
» local sous son intelligente direction de toute la fabrica-
» tion, depuis l'étamage des glaces, l'estampage des diffé-
» rentes plaques et pièces de rapport en métal, jusqu'au
» montage.

» Aussi la concurrence n'a-t-elle pu lutter sur aucun
» marché, si ce n'est en Allemagne, où Nurenberg con-
» trefait la marque de fabrique de M. Paillard pour écou-
» ler quelques produits rivaux.

» Il serait impossible de se faire une idée de cette fa-
» brication, si l'on ne mettait en regard d'un chiffre
» d'affaires de 320,000 francs les prix de quelques objets
» calculés à la grosse, c'est-à-dire à douze douzaines, ou
» au nombre de cent quarante-quatre.

» Miroirs de poche ronds, en zinc estampé à charnières
» formant boîte fermée, s'ouvrant et s'appuyant sur un
» support :

» De 21 lignes de diamètre, la grosse......Fr.   7
» De 4 pouces.............................. 36

» J'omets tous les numéros intermédiaires.

» Miroirs de chambre, carrés longs, dans un cadre en
» cuivre estampé :

» De 4 centimètres, la grosse ....Fr.   4
» De 21 centimètres, la grosse 50

» Miroirs à pelotes montés sur pieds en cuivre, huit
» numéros différents, de 7 à 144 francs la grosse.

» Petites boîtes contenant tout un meuble de salon de
» 7 pièces, soit 1,008 pièces, et 144 boîtes pour 27 francs.

» Les mêmes meubles veloutés, pour 33 francs.

» Etuis à lunettes avec dessins estampés, gorges et
» charnières.

    » La grosse en zinc........ ....Fr.   12
    »   Id.   en cuivre........   30

    » Nous n'avons pas voulu pousser plus loin une démons
» tration de ce genre; ces quelques chiffres suffisant;
» nous renonçons également à décrire toutes les machi-
» nes ingénieuses combinées par M. Paillard pour dimi-
» nuer les frais de main-d'œuvre; nous dirons seulement
» que l'ensemble de cette fabrication s'élevait en 1847 au
» chiffre de 150,000 francs et en 1848 à 280,000 francs,
» et qu'il dépassera 320,000 francs en 1849.

    » Le jury, appréciant la direction habile de M. Paillard,
» qui se fait sentir jusque dans les moindres détails, con-
» sidérant l'extension de ses affaires et la bonne condi-
» tion de ses produits mise en regard de ses prix si mo-
» diques, lui décerne la médaille d'argent. »

Le jury de l'Exposition universelle de 1855, quoique
plus concis dans ses rapports, n'en est pas moins expli-
cite; M. Paillard figurait dans deux classes, et le rapport
motivait ainsi les récompenses obtenues par cet honorable industriel dans chacune d'elles :

    « Les miroirs de M. Paillard sont un prodige de bon
» marché; ces petits meubles, répandus à profusion, ont
» rendu un service véritable : ils servent à l'hygiène
» publique, dont la propreté est une des principales con-
» ditions.

    » La fabrication des miroirs de M. Paillard absorbe
» annuellement de 50 à 80,000 kilogrammes de zinc;

» dans la nouveauté de l'article, le chiffre du zinc em-
» ployé a atteint 200,000 kilogrammes.

» Le jury a décerné à M. Paillard la médaille de deu-
» xième classe, la plus élevée qui ait été donnée à son
» industrie : *Miroiterie.*

» L'exploitation de M. Paillard est immense ; les pro-
» duits s'obtiennent dans ses ateliers avec une rapidité
» qui tient du prodige.

» Le bon marché de ces pièces en général, et le soin
» apporté à quelques-unes en particulier, lui méritent
» l'attention du jury. »

Quelques chiffres pour terminer. M. Paillard emploie annuellement comme matières premières de 80,000 à 100,000 kilogrammes de zinc, 72,000 feuilles de verres de 0^m,90 grammes sur 0^m,51, et 30,000 kilogrammes de cuivre.

Il livre annuellement au commerce plus de cinq millions de miroirs en zinc ou en cuivre, 30 à 40,000 kilogrammes de bronze d'imitation, une quantité incalculable d'objets de bimbeloterie.

Il occupe 180 à 200 ouvriers et ouvrières gagnant en moyenne, les hommes de 3 à 6 francs par jour, les femmes 2 francs.

Malgré l'extrême bon marché auquel il vend ses produits, ses affaires atteignent aujourd'hui le chiffre de 6 à 700,000 francs.

CLASSE 17.

Porcelaine, faïence, poterie de grès & de terre.

MM. Gosse.
Utzchneider et Cie.
Geoffroy et Guérin.
Duréault et Motte.
Fermond.
Boissimon (Ch. de).
Faure et Ve Brunet.
Bernot et Cie.
Chaussivert et Cie.
Perrigault, Charpentier et fils.
Moreau.

Gosse (F.-A), à Bayeux (Calvados).

N° 154. *Porcelaine allant au feu.*

La porcelaine dure, allant au feu, fabriquée par M. Gosse, a déjà rendu d'immenses services à la chimie, et maintes fois, dans les rapports lus à l'Académie des Sciences, on s'est plu à le constater et on a remercié M. Gosse du dévouement avec lequel il se prête à toutes les tentatives et entreprend, dans le seul but de contribuer aux progrès de la science, les essais les plus délicats et les plus coûteux.

Ce dont nous croyons devoir le louer plus particulièrement ici, c'est des résultats de sa fabrication à l'usage du peuple. Depuis qu'il a pris possession de la fabrique de Bayeux, il s'est principalement attaché à réaliser les économies les plus importantes dans la main d'œuvre sans rien sacrifier sur la qualité des matières premières, et il ressort du tableau comparatif qui suit, que certains objets de sa production ont depuis 1848 baissé de 50 0/0 sur les anciens tarifs.

En 1857, le prix du bois allant toujours en augmentant, et d'un autre côté M. Gosse, sentant la nécessité de diminuer encore le prix de vente, dut craindre un instant de se trouver en face d'un problème sans solution et d'être contraint d'arrêter sa fabrication. Avec les anciens fours, la cuisson à la houille n'avait jamais pu réussir jusqu'alors d'une façon satisfaisante. M. Gosse construisit un four à la houille, et eut l'heureuse idée d'y ajouter un allandier souterrain. Et le résultat fut tel qu'il sauva cette industrie menacée. Aussi M. Gosse put, sans nouvel obstacle, pousser jusqu'au degré actuel ses atténuations de tarif. Ce tableau comparatif en donnera une juste idée.

		1848	1849	1852	1854	1856	1859	1863
Assiettes plates et creuses 0.220, la douzaine..		10 »	10 »	7 »	5 50	»	»	»
Plats ronds creux 0.195 l. p.		1 »	» 75	» 60	» 50	»	»	»
— — —	0.250	2 »	1 50	1 »	»	»	»	» 90
— ovales,	0.270	3 »	1 75	1 25	»	1 »	» 90	» 90
Gites ronds,	4ᵉ	»	3 »	2 50	2 »	1 75	»	»
— ovales,	3ᵉ	7 »	5 »	4 »	3 25	»	»	»
Casseroles,	1ʳᵉ	6 »	5 »	4 »	3 »	»	»	»
—	8	1 »	» 90	» 80	» 75	»	»	»
Soupières,	1ʳᵉ	14 »	10 »	8 »	6 »	»	5 »	4 »
—	5ᵉ	7 50	6 »	4 »	3 »	»	»	2 25

		1848	1849	1852	1854	1856	1859	1863
Soupières.	12ᵉ	»	1 »	» 75	» 75	»	» 60	»
Marabouts,	1ʳᵉ	»	2 50	2 50	1 75	»	1 50	1 30
—	12ᵉ	» 50	» 30	» 30	» 20	»	» 15	» 15
Cafetières à filtre, 12 tasses,	8 »	7 »	6 »	4 50	»	4 »	3 »
—	—	2 —	3 »	2 25	2 »	1 75	»	1 50	1 10

On voit d'après ces chiffres que les prix de M. Gosse
aujourd'hui sont aussi peu élevés que ceux des poteries
communes. Il nous semble donc certain que la porcelaiue
dure de M. Gosse est destinée à remplacer, pour la classe
ouvrière, l'usage insalubre de la poterie. Car on ne peut
rien demander de plus à une industrie qui réunit dans
ses produits le bon marché à la salubrité.

Utzchneider et Cⁱᵉ, à Sarreguemines (Moselle).

Nᵒ 148. *Faïences fines.*

M. Paul de Geiger, ancien élève de l'École centrale
et de l'École des arts-et-métiers, député au Corps légis-
latif, aujourd'hui directeur de la fabrique de Sarreguemines, a tenu à conserver la raison sociale Utzchneider
et Cᵉ, pour perpétuer la mémoire de son beau-père
M. Paul Utzchneider, fondateur de cette fabrique de
produits céramiques. Depuis 1836, époque à laquelle
M. de Geiger prit la direction de l'usine, il se proposa
pour but de fournir à la consommation toutes les espèces
de produits dont elle pourrait avoir besoin, les meilleurs
et le meilleur marché possible. C'est en poursuivant
cette idée et en la réalisant, qu'il a porté la production
de sa fabrique de Sarreguemines, qui en 1836 ne dépassait pas 350,000 francs à plus de 4 millions par an et

le nombre des ouvriers de 210 à près de 2,000. De plus, ses produits se sont constamment améliorés, tandis que les prix de vente baissaient de 25 0/0 jusqu'à 61 0/0 même, pour certains articles, en dépit de l'augmentation successive de la main d'œuvre, qui est d'au moins 40 0/0 plus élevée en 1867 qu'en 1836.

Voici les divers genres de produits livrés au commerce par M. de Geiger et exposés à la classe 91. Ce sont d'abord des *terres à feu*, et en second lieu des *cailloutages*.

Les terres à feu comprennent les produits en terre jaune engobée blanc ou noir, marbrée avec ou sans reliefs, ceux en terre rouge dite carmélite, marbrée et engobée, ceux en terre noire engobée d'une excellente qualité. Exemple : les pots à pâtés de Strasbourg sont exclusivement fournis par Sarreguemines : c'est pour eux comme un certificat d'origine.

Le cailloutage est le nom dont M. de Geiger se sert pour désigner le produit improprement nommé par les autres fabriques *porcelaine opaque*, ce qui constitue un contre-sens, la transparence étant un des caractères constitutifs de la porcelaine. Ces cailloutages ou blancs, ou imprimés, ou peints sur biscuit ou sur émail dans toutes les nuances possibles, forment la spécialité la plus importante de la fabrique de Sarreguemines. Le chiffre de la vente des cailloutages de cette maison s'élève à plus de 2 millions et demi par an. Leur qualité et leur bon marché ne peuvent pas être contestés.

Geoffroy et Guérin, à Gien (Loiret).

N° 158. *Faïence fine, blanche et décorée.*

Les exposants de la classe 17 n'ayant pas jugé à propos de serrer leurs rangs pour faire place à un confrère parfaitement digne de figurer.à côté d'eux, c'est à la classe 91 que MM. Geoffroy et Guérin ont pris place. Nous pourrions nous étendre longtemps si nous voulions décerner à la manufacture de Gien tous les éloges qu'elle mérite, mais nous ne devons ici que nous borner à constater que ses produits sont des œuvres d'art pour la plupart, ou des objets d'un confortable luxueux et que leur présence dans le groupe X ne se justifie pas plus que celle des orfévrés, des bronziers et autres que nous avons rencontrés ou que nous rencontrerons bientôt sur notre passage.

Duréault Motte et Cie, à Grigny (Rhône).

N° 159. *Faïence dite* porcelaine opaque, *blanche et décorée.*

MM. Duréault, Motte et Cie recommandent à l'attention du public les produits qu'ils désignent sous le nom de *porcelaine opaque.* Ils se servent de tours à la vapeur, affirment qu'il n'entre dans leurs pâtes aucune matière broyée, et qu'elles se composent exclusivement de kaolins, ce qui rend la manipulation très-facile. Ils exposent une grande variété de modèles de bols et de tasses qui nous ont paru remarquables à plus d'un titre pour leur blancheur, leur qualité et leur bon marché.

Fermond (C.-J.) père et fils, à Saint-Vallier (Drôme).

Nº 160. *Poterie et faïences allant au feu.*

Les porcelaines au feu de la manufacture Fermond sont de belle qualité et d'apparence convenable. Elles sont salubres, parce qu'aucun vernis métallique n'est employé pour les peindre, mais nous ne pouvons nous empêcher de trouver le tarif encore un peu élevé. Cela tient évidemment aux dépenses de premier établissement, car MM. Fermond ne sont établis que depuis 18 mois et nous savons que tous leurs efforts tendent à l'amélioration de leurs produits et même à l'atténuation des prix de vente.

Boissimon (Ch. de) et Cie, à Langeais (Indre-et-Loire).

Nº 161. *Poteries et grès artistiques et de ménage.*

M. Ch. de Boissimon créa, en 1839, à Langeais même, une usine spéciale pour la fabrication des produits réfractaires, tels que briques supérieures, de toutes formes, cornues à gaz et carreaux perfectionnés.

En 1842, il joignit à cette première fabrication la confection des poteries décorées en relief, et plus tard celle des poteries usuelles unies, de divers genres.

Les poteries de la manufacture de MM. Ch. de Boissimon et Cᵉ, livrées dans l'origine sans vernis, furent plus tard émaillées de différentes nuances, puis rehaussées de filets de platine, puis enfin imprimées de fleurs ou de sujets de toutes sortes et de toutes couleurs.

La fabrique de Langeais n'employait, en 1839, que quelques ouvriers pour la fabrication de ses produits réfractaires; en 1842, M. de Boissimon entreprit la poterie avec un seul ouvrier; aujourd'hui plus de 200 ouvriers, hommes, femmes et enfants, y sont constamment occupés, d'un bout de l'année à l'autre, pour ses divers genres de produits.

Les poteries de Langeais sont connues et expédiées dans toutes les contrées du monde; leur aspect léger, élégant et gracieux, leur prix modéré et leur qualité excellente, légitiment la vogue croissante dont ils jouissent dans la consommation et affirment de plus en plus leur avenir.

Ces produits ne sont ni de la porcelaine diaphane, ni de la porcelaine opaque, ni de la terre de pipe, quoique réunissant toutes les qualités de ces divers genres : aspect, dureté, résistance, etc. ; c'est un article neuf et tout à fait à part, connu et recherché dans le commerce, sous la désignation d'*articles de Langeais*.

La disposition intérieure de la manufacture et l'organisation du travail sont très-remarquables : une roue hydraulique met en mouvement les différents appareils destinés à la préparation des matières premières, qui nécessitent de très-minutieuses précautions et sont la base et la principale condition d'une bonne fabrication.

Ce même moteur fait fonctionner une batterie de pilons dont le travail consiste à concasser les résidus de terre cuite, qui sont ensuite broyés sous une meule horizontale pour en faire du ciment indispensable à la bonne qualité des produits réfractaires.

L'eau est distribuée dans tous les ateliers au moyen de pompes foulantes et aspirantes montées sur un des arbres de couche de la machine; elles remplissent des réservoirs placés dans les parties supérieures des bâtiments d'où partent dans tous les sens des tuyaux de distribution garnis de robinets.

Cette eau est employée au délayage des terres réfractaires destinées à être malaxées et au lavage des pâtes pour la poterie.

Ce lavage des pâtes est fait sur un emplacement qui domine les bassins dans lesquels la matière liquide est distribuée après avoir traversé des toiles métalliques d'une finesse extrême.

Le travail de la poterie se fait, comme dans la plupart des manufactures, au moyen de tours de diverses formes; les uns verticaux pour ébaucher les pièces, les autres qui fonctionnent horizontalement, sont destinés à tournasser ou finir les pièces ébauchées verticalement; puis le moulage est fait à la housse, en croute ou à la balle, dans des moules de toutes formes façonnés dans l'établissement par d'habiles ouvriers.

Le moulin met encore en mouvement toutes les meules qui doivent broyer les émaux de diverses espèces et de diverses nuances, qui sont ensuite appliqués sur les poteries au moyen de l'immersion.

Lorsque les pâtes en sont arrivées à un point de dessiccation convenable, elles sont versées dans des sacs en toile et soumises à une pression graduelle, jusqu'à ce que l'eau en excès soit expulsée, puis elles sont déposées dans de vastes caves, d'où elles sont envoyées aux ouvriers au moyen de treuils disposés dans les ateliers placés aux étages supérieurs.

Le travail le plus remarquable et le plus spécial est celui qui consiste à filer de la pâte avec laquelle des ouvrières, devenues de véritables artistes, confectionnent des corbeilles, des paniers et mille autres articles qui imitent la vannerie la plus délicate. Ces curieux articles ne peuvent s'obtenir qu'avec des pâtes très-fines et d'une extrême plasticité. Une des spécialités les plus tranchées est certainement le décor de platine, qui s'accorde si bien avec la nuance et l'émail de cette poterie.

Les préparations chimiques de ce métal, son application et sa cuisson dans des moufles sont si bien combinées, que la solidité ne laisse rien à désirer ; il en est de même de son aspect, aussi brillant que l'argent le plus pur. Des couleurs très-variées, toutes préparées dans l'établissement, décorent aussi les poteries. Les couleurs sont appliquées par des femmes du pays, élèves de la manufacture ; elles les posent au moyen des pinceaux et des tournettes, dont elles se servent avec une rare adresse ; il en est de même pour le platine.

La fabrication des pièces réfractaires est également d'un très-grand intérêt ; presque tout est fait d'après des plans, et chaque pièce porte des numéros pour faciliter les constructions ; on en fabrique de toutes les formes et de toutes les dimensions, depuis les plus petites jusqu'à celles dont le poids dépasse quelquefois 100 kilogrammes.

On fabrique aussi des cornues à gaz de toutes les grandeurs.

MM. Ch. Boissimon et Cie ont créé, en 1858, une société de secours mutuels spéciale pour tous les ouvriers, ouvrières et enfants de leur établissement; ils en sont les patrons et présidents, et cette fondation n'est pas leur moindre titre à nos yeux. C'est plus encore par le souci constant qu'ils apportent au bien-être de leurs ouvriers que par le bon marché de leurs produits qu'ils nous semblent mériter une large place sinon dans la classe 91 au moins dans le groupe X.

Les détails spéciaux compris dans cette notice sont extraits d'un remarquable article de *l'Industrie progressive*.

L.-C. Faure et veuve Brunet, à Ponsas, près Saint-Vallier (Drôme).

N° 165. *Grès et poterie.*

Cette fabrique de Ponsas est l'une des plus anciennes de la Drôme. Elle a été fondée il y a plus de soixante et dix ans et a toujours conservé paternellement ses ouvriers malgré les mortes-saisons, les crises commerciales et les troubles politiques. M. Faure et Mme veuve Brunet occupent aujourd'hui de quatre-vingts à cent ouvriers.

Cette poterie est fort belle et mérite une mention spéciale. Les prix marqués sont infiniment réduits et, réserve faite quant à la question de salubrité qui ne nous paraît pas résolue, nous nous plaisons à constater que tous ces produits sont abordables pour les plus pauvres ménages d'ouvriers.

Bernot et Cie, boulevard de Strasbourg, 79, à Paris.

N° 162. *Fabrique de poteries en terre cuite.*

La faïence et la poterie de M. Bernot se présente à nous dans des conditions de prix très-raisonnables. Il expose des poëlons de toutes tailles, depuis 28 francs le cent; des terrines à galantine, depuis 50 francs le cent; des pots à lait, depuis 34 francs le cent; des plats allant au feu pour faire cuire des œufs, depuis 18 francs le cent. Reste à savoir quels bénéfices s'adjuge l'intermédiaire. Car M. Bernot vendant principalement en gros, il est à craindre trop souvent que le marchand au détail n'intercepte à son profit les avantages destinés au public.

Chaussivert et Cie, à la Montagne (Nièvre).

N° 163. *Poterie commune.*

M. Chaussivert est le régisseur de la manufacture de Saint-Honoré-les-Bains qui appartient à M. le marquis d'Espeuilles, sénateur. Cette manufacture existe depuis vingt-cinq ans. Ses grès réfractaires résistent très-bien au feu et aux acides. Elle produit de la poterie commune, de la poterie fine et de la poterie de luxe, de la porcelaine à feu, des tuyaux, des drains, des gazons réfractaires, etc. Il est incontestable qu'on ne fait rien de mieux et qu'on ne livre aucune poterie de grès à meilleur marché que celle qui sort de chez M. Chaussivert. Brocs, bouteilles, touries, écuelles, pots de chambre, pots-au-feu, etc., sont cotés à des prix excessivement bas et font très-logiquement figure dans la classe 91. Si nous avons une restriction à faire, elle ne porte que sur des inconvénients indépendants de la fabrication particulière de Saint-Honoré les-Bains ; elle n'est basée que sur une question de salubrité et d'hygiène domestique qui commande l'abandon prochain de la poterie pour les usages ménagers.

Perrigault, Charpentier et fils, à Saint-Aignan (Loir-et-Cher).

N° 164. *Poterie de terre.*

La fabrication de MM. Perrigault, Charpentier et fils nous a paru très-variée et de nature à satisfaire à beaucoup d'usages. Mais l'absence des tarifs nous arrête dans leur appréciation.

Moreau (P.-J.). rue du Faubourg-Saint-Denis, 87, à Paris.

N° 149. *Poteries, faïences et grès argentés et dorés.*

M. Moreau cherche surtout à satisfaire certains goûts de luxe. Il fabrique des poteries dorées pour étagères, des vases à fleurs, des jardinières, des corbeilles à fruits, des suspensions, des services à thé et à café. Tous ces objets ne peuvent être réputés utiles. C'est de la fantaisie à la portée des gens aisés, mais qui ne se recommande à aucun titre à la classe ouvrière.

4

CLASSE 19.

Papiers peints.

MM. Gillou fils et Thorailler.
Isidore Leroy.
Traquetil et Malzard.

Gillou fils et Thorailler, rue de Charonne, 55, à Paris.

Nº. 209. *Papiers peints pour tentures.*

Cette maison a été fondée en 1814 par M. Gillou père, simple ouvrier en papiers peints. Il la céda en 1834 à M. Gillou son fils, qui la dirige depuis cette époque, en collaboration avec M. Thorailler père, jusqu'en 1854, et depuis douze ans avec M. Thorailler fils, son associé.

Le chiffre d'affaires en 1834 était de 100,000 francs. Il est aujourd'hui vingt fois plus fort, et doit entrer pour un huitième environ dans la production générale de la France.

60 à 75 0/0 appartiennent à la fabrication à la machine, le reste à la fabrication à la planche.

Il a fallu de grandes dépenses, d'énergiques efforts, beaucoup d'essais et de tâtonnements pour arriver à lutter contre la fabrication anglaise, formidablement organisée depuis vingt ans. Tout était à faire en France, où personne n'avait tracé le chemin. Le personnel ouvrier était à créer, il fallait décider les fabricants de papiers blancs à fournir les sortes nécessaires à la fabrication mécanique, qui a des exigences particulières; déterminer les fabricants de couleurs à les préparer autrement qu'ils n'avaient l'habitude de le faire, demander à l'Allemagne et à l'Angleterre celles qu'ils ne pouvaient pas fabriquer.

Les moteurs à vapeur n'avaient jamais été employés à Paris dans les fabriques de papiers peints. Les premiers furent montés en 1859 par MM. Gillou fils et Thorailler, et c'est à eux, aidés par une invention brevetée le 5 mai 1864, qu'on doit de pouvoir faire fonctionner des machines imprimant 20 et 22 couleurs à la fois, et de pouvoir offrir aux acheteurs français et étrangers des articles coloriés, qu'on ne trouvait auparavant qu'en Angleterre.

Les produits des usines de MM. Gillou fils et Thorailler étant de meilleure qualité que les produits anglais, les dessins de meilleur goût, les nuances plus harmonieusement combinées, la vente des papiers peints anglais, qui paraissait vouloir prendre d'assez grandes proportions en France, se borne aujourd'hui à fort peu de chose, et n'atteint que les proportions désirables pour entretenir l'émulation toujours nécessaire et cela sans causer le moindre préjudice à la fabrication française, ni blesser en rien son amour-propre.

L'exemple donné par MM. Gillou fils et Thorailler ne fut pas suivi d'abord Leurs confrères, avant de les imiter, voulurent être bien certains de la réussite du nouveau système de fabrication, et aujourd'hui encore, à part un très-petit nombre d'industriels, qui sont entrés résolûment dans la même voie, la fabrication de papiers peints au-dessus de six couleurs ne se fait guère que chez eux.

Entre autres drogues et couleurs, cette fabrique consomme du blanc de Bougival pour 250,000 kilos par an, du blanc fixe pour plus de 100,000 kilos. La consommation des colles animales est de plus de 1,500 kilos par jour; il n'en est pas employé d'autres, et c'est à cette coutume qu'est due en partie la meilleure qualité des produits de MM. Gillou fils et Thorailler, comparativement aux produits anglais, tous fabriqués à l'aide de colle végétale.

La valeur locative des immeubles occupés par les usines est de 60,000 francs par an.

Le nombre des employés est de trente-quatre.

L'établissement ainsi monté peut produire 15,000 rouleaux par jour d'une valeur de 10,000 francs environ. En calculant deux cent cinquante jours de travail par an, le total obtenu est de 2,500,000 francs, chiffre qui sera atteint certainement par eux dans un délai très-prochain.

Isidore Leroy, rue La Fayette, 170, à Paris.

N° 210. *Papiers peints à la mécanique.*

L'usine de M. Isidore Leroy est sans contredit une des premières à Paris pour la fabrication du papier peint à la mécanique. Il emploie à la confection de ses dessins, en général d'un goût très-artistique, d'habiles dessinateurs français. Limitée d'abord à la production de papier à rayures verticales monochromes, la fabrication du papier peint à la mécanique a rapidement progressé dans les ateliers de **M.** Leroy, qui produit aujourd'hui journellement des chiffres considérables de rouleaux à couleurs multiples. Il est incontestablement arrivé à réduire ses tarifs autant que l'on pouvait le souhaiter dans l'intérêt des classes populaires pour lesquelles un papier est souvent une nécessité hygiénique et corrige l'humidité des murs en l'absorbant. **M.** Leroy expose à la classe 91 un grand choix de rouleaux à bon marché, qui nous paraissent parfaitement répondre au programme humanitaire du groupe X.

Traquetil et Malzard, boulevard du Prince-Eugène, 208, à Paris.

N° 208. *Panneaux de papiers peints et décoration d'intérieurs de logement à bon marché.*

Les panneaux exposés par MM. Traquetil et Malzard nous semblent beaucoup trop beaux. C'est trop la continuation de leur exposition de la classe 19. Il y a cependant quelques sortes d'allures gaies et de prix très-abordables.

4.

CLASSE 20.

Coutellerie groſſe & fine
Acceſſoires de la coutellerie.

MM. GIRARD.
THINET
PIAULT.
RAYBAUD.

Girard (Ch.), à Nogent (Haute-Marne).

N° 137. *Couteaux de bouchers, cuisiniers, tanneurs, selliers et autres.*

La maison Girard est une des plus anciennes de Nogent. Elle fut une des premières, qui de Nogent parcourut et fit parcourir la France pour approvisionner les détaillants ; elle créa des comptoirs à Paris, à Lyon, et dans le Midi. En 1861, M. Ch. Girard, décidé à devenir producteur direct, fonda une usine hydraulique pour sa fabrication de la grosse coutellerie. Une force hydraulique de 15 chevaux, une machine à vapeur de 12 chevaux ont permis à M. Girard de centraliser dans ses mains la plus grande partie de la production de la Haute-Marne.

M. Girard s'est proposé un but qui recommande ses produits à notre attention toute particulière, à savoir : *Le perfectionnement de l'outil et de sa qualité, l'abaissement*

du prix de revient et l'augmentation du salaire de l'ou-
vrier.

M. Girard, nous explique lui-même de quelle manière il a tenté d'obtenir ce triple résultat.

« Pour obtenir une meilleure qualité je n'emploie que
» des aciers de premier ordre; et ces aciers sont traités
» par mes forgerons avec un soin qui leur conserve tout
» leur mérite. Comme les objets forgés sont ébarbés à
» la meule, il n'est plus nécessaire de les soumettre,
» pour les limer, à un recuit qui attendrit l'acier en le
» décarburant. Par un procédé spécial de trempe à l'eau
» froide aérée et toujours maintenue à la même tempé-
» rature, par le chauffage des outils au même degré
» dans un four à reverbère, j'obtiens une trempe excel-
» lente et d'une qualité invariable. Mon procédé de
» trempe est celui usité pour la trempe des lames de
» Damas qui ont acquis une réputation universelle. L'a-
» baissement du prix de revient est obtenu par l'appli-
» cation du procédé économique enseigné par la science
» moderne, le principe de la division du travail. Chaque
» article produit passe, en moyenne dans, 16 mains. —
» Cette indication ne demande point de commentaires.

» L'augmentation du salaire de l'ouvrier est en raison
» inverse de la force matérielle qu'il dépense et en raison
» directe de son activité, de sa bonne conduite, de son
» adresse et de son intelligence. La force automatique
» lui évite l'effort pénible qui détruit son adresse, sa
» santé et abrége sa vie. La division du travail lui per-
» met d'exercer de plus en plus son adresse et son habi·
» leté à produire et d'obtenir, avec moins de peines et

» de sueurs, un salaire toujours croissant. — Mes
» ouvriers, je puis l'affirmer, puisque je puis le prouver
» par mes écritures de commerce, reçoivent dans mon
» usine, un salaire constant s'élevant à plus du double
» du salaire obtenu par les ouvriers qui travaillent isolé-
» ment. Certains ouvriers, habiles, devenus producteurs
» voient leur salaire s'élever au quadruple. »

La fabrication de l'usine Girard a été pour 1866, de
9,124 douzaines de couteaux et de 3,000 douzaines de
tranchets, soit 145,488 pièces, ce qui divisé en 300 jours
de travail donne une moyenne de 480 pièces par jour.
La vente de ces produits s'est élevée à 85,800 francs. En
dehors des ouvriers de son usine M. Girard fait travailler
aux pièces d'autres ouvriers. Ils lui ont livré pour l'année 1866, 13,341 douzaines d'articles de coutellerie
diverse, soit 150,092 pièces, ce qui porte le chiffre des
articles fournis par M. Girard, à la consommation générale dans le courant d'une seule année à 305,580.

L'examen des articles exposés par M. Girard nous a
permis de nous convaincre qu'il a su parvenir à joindre
à la bonne qualité des produits l'abaissement du prix de
revient, ce qui justifie pleinement son admission dans le
groupe X et la classe 91.

Thinet, rue Grenier-Saint-Lazare, 15, à Paris.

N° 138. *Coutellerie de Thiers.*

Nous sommes heureux d'avoir à constater enfin un
exposant qui a complétement satisfait aux conditions
du programme. La fabrication de M. Thinet est soignée,

elle est de première utilité, et par son bon marché elle met à la portée de l'ouvrier une quantité d'objets de première nécessité.

Quelques exemples le feront comprendre.

M. Thinet expose des couteaux de poche de toutes grandeurs depuis la lame simple et arrondie à manche d'étain jusqu'au couteau à serpette, à tire-bouchon, etc.

Ses modèles de couteaux à une lame varient de 50 centimes la douzaine à 2 fr. 40 c. la douzaine.

Ses couteaux de table depuis 2 francs la douzaine. Cette qualité commune nous a paru cependant assez solide et assez convenable pour pouvoir rendre de vrais services.

A 4 fr. 75 c. la douzaine, les couteaux de table de M. Thinet peuvent subir avantageusement la comparaison de ceux que l'on vend journellement 14 et 15 francs.

Le couteau et la fourchette à découper, très-bien établis, bonne lame, depuis 1 fr. 40 c. la paire.

Citons encore un objet d'utilité ménagère, les ciseaux à lampes que M. Thinet vend 6 fr. 75 c. la douzaine et son tire-bouchon breveté à 4 fr. 50 c. et 5 fr. 50 c. la douzaine.

M. Thinet nous paraît de tout point digne d'attirer l'attention du public et de mériter la clientèle ouvrière et celle des employés. Il leur permet en effet de réaliser des économies de près de 50 p. 0/0 sur des objets indispensables.

Piault (Jules), boulevard de Sébastopol, 43.

N° 139. *Coutellerie de table.*

L'exposition de M. Piault est trop particulièrement composée d'objets riches et de prix élevé pour ne pas jurer un peu avec le programme de la classe 91. Nous louerons cependant une qualité de couteaux à 3 fr. 25 c. la douzaine qui répondrait assez au but que nous nous proposons, mais qui ne l'emporte pas à prix égal sur les produits de M. Thinet.

Raybaud, rue du Helder.

N° 136. *Cuirs à rasoirs.*

M. Raybaud est le premier à reconnaître qu'il est déplacé dans la classe 91. La place qu'il avait sollicitée et qu'il aurait droit d'occuper, c'est dans la classe 20 qui comprend la coutellerie, les rasoirs et les produits qui sont la conséquence de cette industrie, qu'on eût dû la lui donner. Le prix élevé de ses cuirs à rasoir ne permet pas de les ranger parmi les produits populaires et à bon marché.

Le roseau-tige présenté par M. Raybaud est un progrès incontestablement sur ce qui s'est fait jusqu'à lui, mais c'est justement pour ce motif qu'on aurait dû le rapprocher des produits similaires. Depuis vingt ans il s'est attaché à perfectionner l'ancien cuir à rasoir si défectueux. Il a pris successivement plusieurs brevets et voici aujourd'hui la composition de son cuir auquel il a donné la forme ronde. Au centre un morceau de basane, puis une couche de coton, deux faux roseaux et sur le roseau l'enduit qui fait couper le rasoir. De plus le cuir sur la face opposée au roseau est non point collé, mais cousu, ce qui lui donne une grande solidité. Il vend ses roseaux-tiges 3 fr, 50, 4 francs, 5 francs, avec 40 0/0 d'escompte.

CLASSE 21.

Orfévrerie d'argent, de plaqué, de maillechort, de ruolz, &c., &c.

MM. Mousset.
    Lambert frères.
    Fougère.
    Casse, Séguin et Cie.
    Robert.
    Rousseville.
    Moussier-Fièvre.

Mousset (D.-P.), rue de Rivoli, 116, à Paris.

N° 142. *Spécialité de couverts dorés et argentés, orfévrerie, un tiers argent.*

L'industrie de M. Mousset est basée sur un fait incontestable, mais qui ne permet pas de ranger ses produits parmi ceux qui satisfont aux conditions du programme de la classe 91. En effet, cette orfévrerie massive, composée de 80 0/0 ou de 33 0/0 d'argent, peut représenter à l'usage, comme il le prouve par des chiffres, *au bout de seize années*, une économie effective et importante sur le ruolz et le christofle ordidaires ; mais la dépense première d'acquisition étant de 372 francs pour une douzaine de couverts, au lieu de 72 francs en orfévrerie Christofle, les économies réalisées par le système Mousset ne sont absolument à la portée que des gens non-seulement aisés, mais riches. C'est donc absolument de la classe 21 que ressort le progrès obtenu par cette orfévrerie, sur laquelle nous n'avons pas lieu de nous étendre davantage ici.

Lambert frères, rue d'Angoulême-du-Temple, 23, à Paris.

> N° 144. *Orfévrerie plaquée et argentée pour la table et les limonadiers.*

Au premier aspect de l'exposition de MM. Lambert frères on est tenté de les renvoyer à la classe 21 ; car les premiers objets qui frappent les yeux sont d'un luxe en désaccord complet avec l'esprit de nos recherches. C'est une théière de 112 francs, un plateau marqué 144 francs, des candélabres argentés de 280 francs, enfin un surtout de table de 480 francs. Assurément ces ouvrages sont remarquables par le travail de l'orfévrerie, d'un bon marché certain si on les compare aux produits similaires, mais nos ouvriers et même nos petits employés n'en ont que faire. Si nous ne croyons cependant pas devoir exclure MM. Lambert de la classification toute personnelle que nous entreprenons et qui est le résultat de nos observations, c'est que par certains de ses produits il rentre dans les conditions du bon marché joint à l'utile, que nous recherchons partout avec ardeur. Au petit employé qui ne peut par sa situation se servir de fer battu et pour lequel l'orfévrerie Christofle est d'un prix trop élevé, nous recommandons les couverts en *maillechort avivé* de MM. Lambert qu'ils livrent à 30 francs la douzaine, les cuillers à café de même fabrication 7 franc la douzaine. Nous avons également remarqué des flambeaux en plaqué à 1 fr. 40 c., 1 fr. 80 c. à 2 fr. 25 c. la paire, des bougeoirs à 90 c. qui peuvent permettre aux petites bourses un certain confortable à prix réduit.

Fougère (J.-B.-A.), rue des Gravilliers, 88, à Paris.

Nos 36 *et* 166. *Orfévrerie plaquée.*

M. Fougère occupe deux places à la classe 91. A l'une il expose de l'orfévrerie plaquée, à l'autre des ustensiles de ménage en cuivre. Mais pas plus par les objets qu'il a placés au n° 36 que par ceux que l'on remarque au n° 166, il ne nous paraît avoir satisfait aux conditions du programme du groupe X, qui a été volontairement ou involontairement fort peu compris de la grande majorité des exposants. Nous ne pensons pas que M. Fougère puisse compter qu'il trouvera dans la classe ouvrière des acheteurs pour des garnitures de toilette en plaqué (le pot à eau et la cuvette) à 150 et 160 francs, pour des bouilloires à 150 francs, des plateaux guillochés à 135 francs, des réchauds à 40 francs pièce, etc. Tout cela est d'une exécution digne d'éloges, ainsi que sa fabrication de cuivre; mais des réchauds en cuivre, des bouilloires, des samovars comme ceux qu'il expose ne remplissent aucunement le but que se proposaient les organisateurs du groupe X.

Casses (J.), Séguin et Cie, rue Vincent, 12, à Paris-Belleville.

N° 37. *Service de table en alliage dit* métal français.

Nous ferons pour l'exposition de MM. Casses et Séguin la même observation que nous suggérait l'exposition de M. Fougère. L'orfévrerie argentée et dorée d'après les procédés Ruolz ou autre est du ressort de la classe 21. Ce ne sont pas là des objets à produire dans une expotion populaire. Des théières à 36 francs, par exemple, ne sont d'aucune utilité pour un ouvrier qui gagne laborieusement et péniblement le pain de sa femme et de ses enfants. MM. Casses et Séguin ont sans aucun doute fait progresser l'industrie à laquelle ils se sont voués. Leur *métal français* est blanc, inoxydable et sonore comme l'argent. L'entretien en est facile. Il reçoit directement les métaux précieux avec une grande rapidité de main-d'œuvre et une adhérence parfaite, ce qui est précieux comme qualité dans l'orfévrerie d'imitation. Tout fabriqué, ce métal coûte notablement moins cher que le ruolz et, comme il est blanc et ne s'oxyde pas, il est incontestablement préférable au cuivre argenté pour l'usage des aliments et des boissons. Tous ces avantages font de la fabrication de MM. Casses et Séguin une spécialité digne d'attention ; mais c'est encore et toujours à la classe bourgeoise qu'ils sont appelés à rendre service, c'est par elle que leurs produits seront recherchés.

Robert (J.), rue du Temple, 112, à Paris.

N° 143. *Couverts et orfèvrerie argentée.*

M. Robert est breveté pour un système d'incrustation d'argent aux boutons frottants et au bec de la spatule des couverts en métal blanc. Cette addition d'argent peut assurément être un procédé très-appréciable pour les gens aisés qui préfèrent payer un peu plus cher certains objets pour les obtenir de qualité très-supérieure ; mais dans la classe 91 l'orfèvrerie ne peut figurer qu'à la condition de ne pas s'écarter du bon marché. Et M. Robert expose un service à thé marqué 1,200 francs ! Avons-nous besoin d'énumérer après cela les prix de ses couverts de divers modèles, tous plus élevés que ne le comporte le programme de la classe 91 ? Il nous suffira de dire qu'ils varient entre 54 et 90 francs.

Rousseville frères, rue Charlot, 62, à Paris.

N° 175. *Poterie d'étain argentée ou non argentée; cafetière dite* Percolateur hydrostatique.

Voici les échantillons de poterie d'étain à bon marché que MM. Rousseville ont exposés à la classe 91. Des cafetières à 26 et 30 francs, des théières à 15 francs, un beurrier à 13 francs, un sucrier à 15 francs, un pot à lait à 6 fr. 50 c., une boîte à thé à 7 francs. Certes, la fabrication est digne d'éloges. L'œil n'est pas désagréablement frappé par ce métal inoxydable ; mais l'orfévrerie en maillechort, qui coûte moins cher, plaira toujours davantage. Quant au *Percolateur hydrostatique* de MM. Rousseville, nous nous bornerons, pour démontrer que sa place n'est pas à la classe 91, d'énoncer les prix des différents modèles :

2 tasses.	12 fr.	»
4 —	14	25
8 —	18	»
18 —	30	»

Moussier-Fièvre, boulevard de Sébastopol, 119, à Paris.

N° 177. *Ustensiles de ménage en alliage dit minofor.*

Le métal minofor de M. Moussier-Fièvre, aussi blanc à l'intérieur qu'à l'extérieur, pourrait lui mériter une attention spéciale de la part des personnes qui s'occupent de l'orfévrerie ; mais, pas plus que les produits similaires, nous ne croyons que les siens soient à leur véritable place dans la classe 91. Le bon marché obtenu est un bon marché relatif qui présume toujours un acheteur appartenant à la classe aisée.

CLASSE 22.

Bronze de décoration, d'ornement, d'ameublement.

Ouvrages en métaux.

MM. Miroy frères et fils.
Gaillot.
Tingry et Quetscher.
Oppenheimer.
Boy-Humbert et Ranvier.
Grandry-Grandry et fils.
Desmarets.
Desbordes.
Vivant-Delmas.
Bisson.

Miroy frères et fils, rue d'Angoulème-du-Temple, 10, à Paris.

> N° 19. *Pendules, candélabres, flambeaux, lustres en bronze et en imitation.*

MM. Miroy, pour se soumettre au programme du groupe X, n'ont eu simplement qu'à diviser leur production en deux parties : les produits à bon marché qu'ils ont exposés à la classe 91 et les produits de luxe, les œuvres d'art qui figurent à la classe 22. Mais la nature de l'exposition même de MM. Miroy, des bronzes, des pendules, des candélabres, etc., semble au premier abord en contradiction avec l'esprit de la classe. Certes, les ouvriers ne s'arrêteront pas devant cette vitrine avec l'espérance d'y trouver un produit qui leur convienne; mais cette partie de l'exposition de MM. Miroy répond assez bien aux nécessités que nous avons déjà indiquées, à ce besoin de luxe apparent de la classe des employés et des petits marchands. Ainsi, nous trouvons dans la vitrine de MM. Miroy une petite pendule dorée marchant dix jours, marquée au prix de 20 francs et pouvant figurer très-bien sur une cheminée d'employé; des chandeliers de bronze à 1 fr. 50 c. et à 2 fr. 25 c. la paire; une fort jolie pendule (Uranie) pour 120 francs; enfin, pour les petits commerçants installant un magasin dans des conditions économiques qui n'excluent pas l'élégance, des statuettes porte-bec de gaz à 40 et 50 francs la paire.

Gaillot (J.), rue du Grand-Prieuré, 14, à Paris.

N⁰ 21. Pendules, candélabres, flambeaux, coupes en bronze et en cuivre doré et marbré.

M. Gaillot n'a sans doute vu dans l'invitation qui lui a été adressée de garnir la vitrine qu'il occupe à la classe 91 que l'occasion de faire une exposition à sa guise. En fait, il ne s'inquiète aucunement de notre programme et nous expose des pendules de 310 et 380 francs, qui sont certainement composées avec beaucoup de goût et d'un très-joli travail, mais qui ne répondent nullement à ce que nous cherchons.

Tingry et Quetscher, rue des Trois-Bornes, 39,
à Paris.

> N° 34. *Pendules, coupes, flambeaux, candélabres en*
> *albâtre.*

MM. Tingry et Quetscher, par un outillage mécanique perfectionné où nous remarquons une scie à débiter les onyx, une scie à ruban pour chantourner, un
tour à toupie pour faire les moulures, des tours à cha-
riot pour percer, évider, faire les cannelures, sont parvenus à la dernière limite du bon marché en fait de
pendules d'onyx et d'albâtre. Une machine à vapeur
importante met en mouvement tout leur matériel. Cette
maison, fondée en 1854, faisait 182,000 francs d'affaires
en 1866. Le nombre des ouvriers vivant de cette industrie, grâce à l'initiative de MM. Tingry et Quetscher, a
augmenté dans les proportions de 1 à 5 et ils gagnent
aujourd'hui de 30 à 50 0/0 de plus qu'il y a treize ans.
MM. Tingry et Quetscher ont obtenu une médaille à
Paris en 1863 et à Bayonne en 1864. Mais si les produits
de MM. Tingry et Questscher sont incomparablement
meilleur marché que les produits similaires;—ils exposent des pendules en albâtre et bronze doré très-élégantes
à 50, 55, 72 francs (sans mouvement),—ils nous parai-
traient incontestablement mieux placés dans la classe 22.

Oppenheimer (S.), petite rue Saint-Pierre-Ame-
lot, 28, à Paris.

> N° 17. *Imitation de bronze et ébénisterie.*

M. Oppenheimer fabrique en ébénisterie et en imita-

tion de bronze de véritables objets d'art, comme pendules, rocailles, garnitures de cheminée, statues, groupes,
vases. Il est à la tête d'une industrie de luxe; mais, en
dépit de ses réclamations et de ses protestations, on a
tenu à le faire figurer dans la classe 91. Pourquoi? Nous
ne nous chargeons pas d'approfondir ce mystère, qui n'en
sera pas un pour les gens clairvoyants. Mais nous si-
gnalons ce fait parce qu'il se reproduit à chaque instant
dans notre revue de la classe 91, et qu'à force de faire
de cette classe le salon des refusés des autres classes, on
est parvenu à la détourner complétement de son vrai but,
et cela sans souci de la logique et sans respect des ten-
dances démocratiques du programme de la Commission.

Boy-Humbert et Ranvier, 10, rue de Sain-
tonge (Paris).

N° 20. *Suspensions et lampes.*

Nous reconnaissons volontiers que MM. Boy-Humbert
et Ranvier ont réalisé un progrès dans le bon marché
en livrant à 35 francs des suspensions de salle à manger qui sont cotées en général 55 francs. Leurs lampes
établies à bon marché leur permettent cette réduction
de prix ainsi que la suppression du contre-poids de
plomb qu'ils remplacent par de la fonte de fer. Le succès a répondu à leurs efforts, puisqu'ils sont arrivés
à vendre jusqu'à 2,000 de ces appareils dans leur dernier exercice; mais des suspensions de 35 francs, non
plus que des boules d'antichambre à 9 francs au lieu
de 11 francs, ne sont utiles et nécessaires aux ouvriers

et aux familles de nos faubourgs et des centres populeux. C'est donc dans la classe 22 et dans la classe 24
que devraient figurer ces honorables fabricants qui ont
pu apporter un soulagement aux petits rentiers.

Grandry-Grandry et fils, à Nouzon (Ardennes).

N° 146. *Pelles, pincettes, chenets, galeries en fer et en cuivre.*

L'industrie du fer ouvré n'a été introduite dans les
Ardennes que depuis quarante à cinquante ans, à la
suite des succès obtenus par la fabrication de Plombières,
de Saint-Étienne et de Picardie. Mais c'est surtout depuis
1854 que la maison Grandry-Grandry, s'attachant à améliorer par l'introduction de machines variées les conditions de travail des ouvriers, a vraiment pris la tête de
cette spécialité, où elle a obtenu les résultats les plus
dignes de notre attention.

A partir de ce moment, au lieu de faire étamper les
pièces à la main, travail dur et nuisible à la santé des
ouvriers, qui finissaient tous par être attaqués de la poi-
trine, la maison Grandry monta des machines à étamper
et un marteau frappeur breveté qui a l'avantage de produire 300 0/0 de plus, de faire un travail plus régulier,
et de ne plus causer la fatigue excessive qui compromet
la santé de l'ouvrier. Il en fut ainsi pour les bassins des
pelles et pincettes. Le peu d'épaisseur des bassins, la
largeur des pièces rendaient le travail dangereux. Encore aujourd'hui les ouvriers en chambre se tuent lentement par ces efforts pénibles. Après avoir monté la

machine à étamper, MM. Grandry se préoccupèrent de l'établissement d'un laminoir spécial pour cette partie de la fabrication, et en 1865 ils prenaient un brevet pour une machine qui, au lieu du platinage au martinet, permet, par un laminage mécanique, de supprimer toute fatigue pour l'ouvrier tout en obtenant un travail plus beau, plus régulier et plus rapide. On peut ainsi laminer par jour 1,000 bassins de pelle, tandis qu'au marteau on en obtenait à grand'peine de 3 à 400 dans le même laps de temps. De même pour l'emboutissage qui se fait dans l'usine de Nouzon par des presses à vis marchant par volant circulaire, etc. Grâce à ce procédé, le bassin de pelle est terminé, laminé, embouti, sans que l'ouvrier ait eu un coup de marteau à donner. Enfin, le limage des branches de pelles et de pincettes, qui jadis se faisait à la main par des femmes, travail des plus pénibles auquel ne résistaient que les santés particulièrement robustes, se fait aujourd'hui à la meule, et les limeurs n'ont plus que quelques retouches à donner à la main pour achever les pièces.

Il résulte d'un travail comparatif que nous avons sous les yeux que, par l'ancien système, pour produire 700 paires de pelles et pincettes fixes en six jours, on occupait soixante-neuf ouvriers et ouvrières, gagnant l'un dans l'autre 2 fr. 85 c. par jour, soit 1,208 fr. 40 c. de main-d'œuvre.

Par le système mécanique de MM. Grandry-Grandry et fils, la moyenne du prix de la journée est de 3 fr. 62 c. La dépense totale de la main-d'œuvre pour quarante-six ouvriers et ouvrières est de 876 fr. 75 c.

Il en résulte pour l'ouvrier une augmentation de 30 à 40 0/0 sur le prix de la main-d'œuvre, sans compter la suppression de toute fatigue et pour le patron une économie de 25 à 50 0/0 sur le prix de la production.

Terminons en constatant que les produits de MM. Grandry-Grandry sont de prix abordables pour tous. Ils fabriquent depuis dix à quinze ans de 125,000 à 150,000 paires de pelles et pincettes par année, se vendant depuis 0 fr. 40 c. la paire jusqu'à 75 francs. Les chenets de cuisine et les chenets ordinaires de cette maison peuvent défier par leur bon marché toute concurrence.

Desmarets (C.), rue du Harlay, 11, à Paris.

N° 18. Garnitures de feux.

Pourquoi n'a-t-on pas donné une place à **M.** Desmarets dans la classe 22 ? Des porte-pelles et pincettes mobiles en cuivre doré, des garde-feux éventail, d'une fabrication très soignée et très-artistique sont tout à fait déplacés dans la classe 91. L'industrie de **M.** Desmarets est une industrie de luxe s'il en fut, et le fini de ses travaux lui donne le droit de faire entrer ses produits en concurrence avec tous les produits similaires sortis des premières maisons.

Desbordes (V.-L.), boulevard Beaumarchais, 109, à Paris.

N° 16. Garde-cendres ; chenets, éventails pare-étincelles.

M. Desbordes eût dû figurer dans la classe **22.** Ses

produits, très-remarquables, fabriqués avec un soin d'artiste, l'en rendait digne. Mais l'un des organisateurs de cette classe lui a dit, pour expliquer le refus du comité d'admission : « Vos magasins ne représentent pas assez! » Nous avions cru jusqu'à ce jour que dans une exposition on devait se préoccuper avant tout de la perfection obtenue dans les produits et non du loyer plus ou moins élevé du fabricant; il paraît que nous nous trompions.

M. Desbordes fabrique des garnitures de foyers en bronze, en bronze doré, en bronze verni, en cuivre et en cuivre poli, en fonte de fer, en fonte malléable, en platine. Tous les modèles que nous avons vus chez lui sont d'un travail soigné et font honneur au goût de la fabrique parisienne. Il a dans ses ateliers onze monteurs qui font travailler sous leur direction un très-grand nombre de ciseleurs, de fondeurs, vernisseurs, doreurs, bronzeurs et tourneurs. La maison Desbordes fait bon an mal an de 90 à 100,000 francs d'affaires. Quelques modèles à bon marché; mais, comme nous le disions au commencement, c'est vers la fabrication de luxe que sont tournés tous les efforts de M. Desbordes, et c'est pour ce motif qu'on eût dû le placer dans la classe 22, où il avait droit de figurer, au lieu de lui assigner une place dans la classe 91, sans tenir compte du programme du dixième groupe.

Vivant-Delmas (J.), rue Saint-Pierre-Popincourt, 20, à Paris.

Nº 147. *Garnitures de feu dorées par applique.*

M. Vivant-Delmas, en exposant des garnitures de feu (pelle, pincette, etc.) à 45, 80 et 85 francs, ne s'est évidemment pas rendu compte du but poursuivi par la classe 91. Ses produits sont très-soignés, mais ne peuvent être proposés comme utiles dans une exposition populaire.

Bisson (Aug.), cité Boufflers, 11, à Paris.

Nº 42. *Montures, filets, tiges, tubes, vitrines, crémaillères, supports en cuivre poli, bronzé, doré, ar..enté et oxydé pour magasins et appartements.*

La spécialité de M. Bisson consiste dans les aménagements de magasins et de vitrine. Il excelle assurément dans sa fabrication, et, après l'examen que nous avons fait de ses produits, nous ne lui marchanderons pas l'éloge, mais il ne rentre en aucune façon dans les industries populaires. Ces crémaillères, ces supports de tablettes, ces cadres tournants sont le luxe de nos magasins parisiens et tout à fait hors de la portée du petit boutiquier. C'est à la classe 40 et à la classe 22 que M. Bisson aurait dû être admis.

CLASSE 24.

Appareils de chauffage; fourneaux, &c., &c.
Appareils d'éclairage; lampes diverses.

MM. Boué et Cⁱᵉ.
Ricot-Patret et Cⁱᵉ.
Allez frères.
Chambon-Lacroisade.
Faure et Cⁱᵉ.
Drugeon.
Boité.
Denis.
Nicodeaux.
Lechesne.
Lucas.
Perrachon.
Huard et Cⁱᵉ.
Girardin.
Lépine et Bourdon.
Maes.
Fauvel.
Foucault.
Magnin.
Macé.

Boué et Cⁱᵉ, boulevard Montparnasse, 94.

Nᵒ 22. *Appareils de chauffage.*

M. Boué, successeur de la maison Sibon, expose un

appareil de chauffage, dont l'invention est due à M. Frédéric Passy. En apparence, ce sont des chenets destinés simplement, comme des chenets ordinaires, à supporter soit le bois, soit la grille du foyer, si l'on brûle du charbon de terre. Mais, en fait, ces chenets sont des tubes de fonte dont la partie médiane se trouve en contact direct avec le brasier. Par leurs ouvertures inférieures, ils aspirent l'air froid contenu dans la pièce et qui toujours occupe les régions basses de l'atmosphère d'un appartement. Cet air froid s'échauffe en passant par le tube et rentre par les bouches supérieures des chenets dans la chambre, tout chargé de calorique. Cette aspiration d'air froid, cette restitution d'air chaud durent tout le temps qu'on entretient le feu du foyer, et l'on se rend facilement compte de l'économie de combustible réalisée par cet ingénieux système, basé sur un fait physique des plus simples. Peu à peu les couches d'air chaud augmentent de telle façon qu'avec un feu de bois très-modéré, le courant d'air chaud peut atteindre et dépasser très-facilement 100, 150 et 200° centigrades. Pour modérer cette température, qui prendrait facilement des proportions étouffantes, M. Frédéric Passy a complété son invention en adaptant aux bouches qui exhalent l'air chaud un obturateur régulateur du calorique.

M. Boué, qui vient de prendre récemment la suite des affaires de la maison Sibon, se propose d'apporter de grands perfectionnements dans la fabrication de ces appareils jusqu'à présent trop massifs et peu faciles à déplacer. Le prix d'une paire de *chenets chauffeurs*, façon ordinaire, est actuellement de 25 francs. Ce prix devra assurément être sensiblement baissé, si l'on veut généraliser l'usage de cette invention, qui peut être fort utile d'ailleurs pour certains établissements, dont les ressources restreintes ne permettraient pas la coûteuse installation d'un calorifère.

Ricot Patret et Cie, à Varigney, par Conflans (Haute-Saône).

N° 28. *Fontes moulées. Poterie et articles de ménage; appareils de chauffage.*

La fonderie de M. Ricot Patret fabrique annuellement un million de kilogrammes de fontes de toutes sortes. La plupart des objets fabriqués sont destinés aux ouvriers et aux cultivateurs. La production principale de l'usine consiste en fourneaux économiques à deux, trois et quatre marmites, avec four, bouilloire, grille à houille. M. Ricot Patret livre aux ouvriers, dans les prix de 7, 8 et 10 francs, des poêles-culots et des biscornes en grand usage dans la population lyonnaise. Il fournit aux cultivateurs des Vosges, du Jura et de la Suisse de grands fourneaux à quatre marmites, pour faire cuire les aliments des bestiaux. Les larges foyers de ces appareils permettent d'y brûler des fagots et du bois mort. Le prix de ces fourneaux varie entre 32 et 44 francs. Parmi les divers appareils qui sortent de l'usine de M. Ricot-Patret, les poêles-culots répondent très-bien aux nécessités des petits ménages; ses fourneaux à larges foyers permettent de sérieuses économies sur le combustible et nous ont paru réaliser le but d'utilité et de bon marché

que la classe 91 recherche dans les produits qui figurent
à l'Exposition de 1867.

Allez frères, rue Saint-Martin, 1, à Paris.

N° 29. *Fourneaux de cuisine.*

MM. Allez frères ne nous paraissent pas avoir compris
le programme du groupe X. Ils exposent un immense
fourneau économique, bon à placer dans une cuisine
d'hôtel, d'hôpital ou de caserne, en tous cas impossible
et fantastiquement déplacé dans une réunion d'objets
destinés à l'amélioration de la condition physique de la
classe ouvrière. Les grandes économies réalisées par
l'emploi d'appareils de ce genre ne sont pas contesta-
bles, mais leur appréciation ressort alors de l'esprit de
la classe 24. Car sitôt qu'il faut une première mise de
fonds considérable pour réaliser l'économie cherchée, le
groupe X, et par conséquent la classe 91, le récuse, car
nous nous occupons ici de gens qui manquent justement de ce capital premier, et nous cherchons les moyens
de leur en faire le moins possible sentir la privation.

Chambon-Lacroisade, rue du Faubourg-Saint-Denis, 186, à Paris.

N° 26. *Guéridons et tabourets pliants en fonte. Déco-*
rations de ces meubles.

Le catalogue a oublié de mentionner la partie la plus
importante de l'exposition de M. Chambon-Lacroisade à
la classe 91 et celle qui justement rentre seule dans le

programme du groupe X. Nous voulons parler de ses appareils spéciaux pour les fers à repasser qui lui ont valu déjà huit médailles d'argent et d'or à différentes expositions, deux diplômes d'honneur et le prix Montyon en 1864.

Empruntons aux travaux critiques qui ont été faits sur ces appareils l'énumération de leurs avantages :

« Préservation contre les émanations des divers char-
» bons ; — Effets du rayonnement des Fontes rougies très-
» sensiblement diminués ; — Concentration de la chaleur
» sur les points où son action est recherchée, et réduction
» de son excès en dehors de l'appareil ; — Assainissement
» de l'air dans les ateliers de travail ; — Économie considé-
» rable de combustible ; — Exiguïté de volume et élégance
» des appareils ; — Facilité de leur installation et de leur
» allumage ; — Célérité de chauffage et commodité de fonc-
» tionnement ; — Portativité des plus grandes ; — Amélio-
» rations très-importantes des fers à repasser ; — Solidité
» et durée des diverses pièces composant l'ensemble du
» système ; — Économie dans l'emploi utile du temps et,
» par suite, augmentation de travail avec moins de fati-
» gues et d'inconvénients ; — Et, enfin, *modicité du prix*
» *de l'appareil.* »

Tels sont les progrès réalisés par cette invention émi-nemment utile.

Sans augmentation de combustible, ni gêne pour le service, on peut au moyen d'une *Bouilloire*, spéciale-ment établie, entretenir constamment de 5 à 8 litres d'eau, facilement chauffée jusqu'à l'ébullition ; — cette quantité d'eau bouillante peut être renouvelée très-fréquemment dans la journée, s'il en est besoin. — La présence de ce vase sur l'appareil reçoit encore une destination d'assainissement par la faculté qu'il donne de disperser, à volonté, de la vapeur d'eau, dans le local où on l'utilise, pour humecter et rendre plus respirable l'air usé ou desséché par la chaleur.

Quinze à vingt-cinq minutes, suivant la force des fers ou des carreaux à chauffer, suffisent, à partir de l'allumage, qui est des plus faciles, pour porter ces instruments de l'état froid à la chaleur de service; — mais alors, le métal du foyer, s'entretenant constamment rouge, chaque case, pourvue d'un fer de remplacement, répond aux besoins de l'ouvrière la plus active.

Les artisans de chaque profession peuvent comparer ces divers résultats avec les dépenses relativement énormes et les inconvénients nombreux et graves que leur imposent tous les autres systèmes qui ont été établis pour le chauffage de leurs fers. — Grâce à celui-ci, bien des ouvrières, que l'altération de leur santé obligeait à renoncer à leur état, ont pu le continuer ou le reprendre avec sécurité.

Son emploi régulier pendant deux ou trois mois, même dans le plus modeste atelier, fait réaliser, sur la simple économie du combustible, une somme suffisante à récupérer en entier le prix d'achat de l'appareil et de ses accessoires.

Ces appareils vont à un nombre considérable de professions. Aujourd'hui le succès en est établi, les avantages démontrés, et tailleurs d'habits, chapeliers, blanchisseuses de gros et de fin, lingères, tailleuses et modistes, apprêteurs de neuf, gaufreurs et fleuristes, teinturiers et dégraisseurs, imprimeurs sur étoffes, dessinateurs spécialistes, apprêteurs de dentelles, confectionneurs de vêtements, tapissiers, etc., etc., se sont empressés de faire usage de ces appareils salubres et économiques.

Les prix varient de 26 francs (appareils pour ménages) à 115 francs le plus grand modèle pour tailleurs.

Le prix coté pour chaque appareil *dit complet* sous la simple désignation de son numéro de fabrication, comprend : 1° Un petit guéridon à corbeille tournante; 2° Un foyer et sa grille; 3° Une enveloppe générale reposant sur la corbeille du guéridon; 4° Un couvercle tournant avec sa portière; 5° Une cheminée pour l'office supérieur du foyer; 6° Des fers ou carreaux assortis en nombre égal à celui des cases de l'appareil; 7° Une lyre à anneau pour guider et maintenir le tuyau en tôle; 8° Les trois premiers tronçons du tuyau en tôle ajustés; 9° Un tisonnier à fourche en fonte malléable, avec manche en bois; 10° Un petit tisonnier en fil de fer; 11° Un cendrier en tôle.

Le prix du coke ordinaire, étant calculé à 6 francs les 100 kilogrammes, la dépense *pour chaque journée de dix heures de travail*, s'établit comme suit pour chaque appareil :

N° 1, à 4 fers, pour petits ménages.......... 10 cent.

N° 2, à 6 fers, pour lingerie fine, etc........ 15 —

N° 3, à 6 fers, *et petits outils* pour blanchisseuses etc............................. 30 —

N° 5, à 6 fers, pour chapeliers............. 25 —

No 7, à 6 carreaux moyens pour tailleurs d'habits...................................... 20 —
No 8, à 6 forts carreaux pour tailleurs d'habits. 40 —
No 9, à 6 fers *et petits outils* pour teinturiers,
etc....................................... 40 —

Un régulateur du tirage, placé à chaque appareil, suivant sa force, permet de réduire encore la dépense du combustible, quand le personnel occupé n'est pas assez nombreux pour utiliser tous les fers ou carreaux contenus dans l'appareil.

Faure et Cie, boulevard Richard-Lenoir, 21, à Paris.

> No 33. *Appareils de chauffage ; ornements pour jardins et vases culinaires.*

M. Faure, qui occupe un nombreux personnel dans ses fonderies et usines de Revin (Ardennes), fabrique à la fois des appareils de chauffage, des articles de ménage, des meubles de jardin et des ornements pour bâtiments, le tout en fonte, et certains objets en fonte émaillée. On doit même à M. Faure l'heureuse application des émaux de couleurs diverses sur la fonte, ce qui permet de l'approprier à beaucoup d'usages en en dissimulant les teintes sombres et peu flatteuses. Mais nous sommes obligés ici, tout en louant ses produits exposés d'en renvoyer l'appréciation aux spécialistes qui s'occuperont des classes 24 et 40, car dans le programme de la classe 91, nous ne pouvons faire rentrer des poêles en fonte à 89 et 118 francs, des fourneaux de cuisine à 113 francs, des coupes de jardin en fonte émaillée à 15 francs pièce, etc. Tous ces produits s'adressent exclusivement à la classe aisée.

Drugeon, rue Saint-Honoré, 203, à Paris.

N° 123. *Fourneau économique en fonte. — Encrier à niveau constant.*

M. Drugeon est breveté pour un système de fourneaux économiques qui nous semblent appelés à rendre de réels services aux petits ménages. Nous ne voulons pas parler ici de son grand appareil à quatre fourneaux, qui peut très-avantageusement figurer dans une cuisine, mais dont les dépenses d'installation ne laisseraient pas d'être un peu coûteuses, mais de son fourneau portatif, sur lequel on peut faire la cuisine sans user beaucoup de combustible, qui peut servir de réchaud pour les fers de l'ouvrier et se transformer enfin par une disposition heureuse en un petit poêle économique.

M. Drugeon appartient à la classe 7 pour son encrier à niveau constant, qui réalise un progrès certain sur les anciens encriers syphoïdes. Son encrier préserve l'encre de la volatilisation opérée par l'air et la garantit de la poussière.

Boité (L.-A.), rue Charlemagne, 18, à Paris.

N° 133. *Chaufferettes.*

M. Boité expose des chauffe-pieds pour voyage à 4 fr. 50 c. Nous ne nous en occuperons pas non plus que

de ses chaufferettes à 96 francs la douzaine, une chaufferette à 8 francs pièce est évidemment un objet de luxe.
Mais ce que nous louerons sans réserve, c'est son modèle de chaufferette à 8 francs la douzaine. Pour 66 centimes (en gros), il livre des chaufferettes en bois et en
tôle, de fabrication très-convenable et qui peuvent être
d'un usage très-populaire. Ce que nous redoutons quand
nous nous trouvons en présence d'un produit de cette
nature, dont l'écoulement doit être très-facile, c'est la
cupidité de l'intermédiaire s'exerçant hors de proportion
et annulant pour la classe intéressante dont nous nous
occupons les résultats obtenus par le fabricant au point
de vue du bon marché. Le problème serait facilement
résolu par l'intervention de sociétés philanthropiques se
chargeant de l'approvisionnement de toutes choses nécessaires au travailleur et à sa famille, se contentant
pour couvrir leurs frais de quelques centimes de bénéfices et supprimant le rôle odieux du détaillant exploi-
teur entre le fabricant producteur et le consommateur
direct. Une semblable organisation serait à la fois une
bonne affaire et une bonne action.

Denis (maison Larcher), rue d'Aboukir, 1, à Paris.

N° 125. *Appareils de chauffage; chancelières; chauffe-
pieds; coussins hygiéniques de caoutchouc.*

L'exposition de M. Denis ne peut en aucune façon
rentrer dans la classe qui nous occupe, et c'est sans
doute faute de place à la classe 24 qu'on lui a donné un
compartiment dans la classe 91. Nous ne voyons pas ce

que des chancelières viennent faire dans notre cadre d'utilité populaire. C'est une industrie de luxe. Donc nous ne devons pas nous y arrêter.

Nicodeau (Frédéric), rue des Lions-Saint-Paul, 11 à Paris.

N° 100. *Appareils de chauffage.*

M. Nicodeau, successeur de la maison Ardillion expose des grils ascendants à foyer central qui nous sembleraient, ainsi que ses lanternes d'écurie, être mieux à leur place dans la classe 24. Nous en dirons autant de ses brûloirs à café ; ce sont là des progrès, des tentatives, des essais dignes d'encouragement, mais ces améliorations rentrent plutôt dans le programme général de l'Exposition universelle que dans le programme trés-spécial, populaire et utilitaire de la classe 91.

Lechesne, rue des Bons-Enfants, 26.

N° 134. *Conservateur du calorique pour les aliments.*

M. Lechesne a inventé un fort ingénieux appareil pour conserver aux aliments la chaleur acquise, et cet appareil, pour une dépense relativement minime, peut être adapté à tout buffet, bahut, armoire, etc. Une fois l'appareil placé, pour une somme qui varie suivant la grandeur du meuble, depuis 8 francs, tous les frais d'entretien se bornent à l'eau chaude dont on remplit les récipients, et la durée de l'appareil est illimitée. Le procédé de M. Lechesne consiste à tapisser intérieurement les parois du meuble de coussins fabriqués en matières mauvaises conductrices de la chaleur. Sur la tablette inférieure il place un récipient en fer-blanc ou en cuivre rempli d'eau bouillante. Déposez ensuite dans ce meuble ainsi disposé, sur des tablettes à jour, des plats chauds, sortant d'une cuisine et tout prêts à être servis. L'armoire refermée, ces plats peuvent y rester seize heures sans notable déperdition de chaleur. On peut alors les en tirer et les servir comme s'ils sortaient de la cuisine sans avoir aucunement besoin de leur faire subir cette détestable opération du réchauffage qui détériore infailliblement la qualité du mets. Nous avons dit seize heures, et c'est une limite extrême qu'on a rarement besoin d'atteindre. Mais par le procédé de M. Lechesne un dîner peut, sans inconvénient, être retardé de quelques heures. Dans les grandes maisons de commerce où les commis sont nourris en commun, mais ne peuvent quitter les magasins que successivement pour monter prendre leurs repas, on éviterait des frais considérables de combustible. Le dîner prêt pour les uns le serait pour tous, car les plats, maintenus chauds et en bon état pendant plusieurs heures, permettraient aux derniers de dîner aussi bien que les premiers. Dans les familles nombreuses, chez les négociants, partout où les affaires peuvent causer des retards imprévus pour l'heure des repas, on éviterait à peu de frais tous les inconvénients qui en résultent.

Nous avons assisté à une expérience qui nous a paru suffisamment concluante, malgré les conditions désavantageuses dans lesquelles elle a été faite. C'était au Palais même du Champ de Mars. Il fallut aller chercher assez loin l'eau chaude et on n'en trouva pas de bouillante. Les plats apportés avaient déjà perdu un peu de leur calorique, et cependant au bout de cinq heures la même température s'était maintenue, et le bois du meuble à l'extérieur n'était pas même échauffé.

M. Lechesne affirme pouvoir expédier avec des caisses spéciales tout un dîner de Paris à Bordeaux de façon à ce qu'il soit excellent à manger à l'arrivée. Il se propose d'appliquer son procédé aux chaufferettes de chemin de fer.

Lucas (E.), rue de Laval, 17, à Paris.

N° 115. *Cuisines de voyage à bon marché.*

M. Lucas expose un très-ingénieux appareil. C'est une cuisine de voyage de 4 centimètres de hauteur, de 20 centimètres de diamètre, pesant seulement 900 grammes et contenant un fourneau, deux casseroles, une assiette, une salière, une poivrière, un beurrier, une fourchette et une cuiller. Le tout se vend 5 francs. Bien que cet appareil ne soit pas souvent nécessaire à l'ouvrier, qui est généralement sédentaire, il nous semble cependant mériter quelque attention.

F. Perrachon, rue Saint-Pierre, 21, à Lyon.

N° 116. *Appareil propre à activer le tirage des cheminées.*

M. Perrachon expose à la classe 91 et dans les maisons des ouvriers, au Champ de Mars, un appareil qu'il a baptisé le *fumatire*, et qui selon lui doit empêcher les cheminées de ne jamais fumer. Assurément, s'il a résolu ce problème que la fumisterie avait laissé sans solution jusqu'à ce jour, il aura rendu un véritable service pour le confortable de nos installations. La description de son appareil nous porterait à le croire, mais ce n'est que par un long usage, et par des expériences répétées par tous les temps, vent, pluie, ouragan ou soleil, qu'on pourrait s'en convaincre.

M. Perrachon, pour atteindre le but qu'il s'était proposé, a imaginé de prendre la fumée entre deux courants d'air pour la conduire extérieurement à travers la gaîne de la cheminée. Le premier courant qui est le courant normal passe sur le foyer et chasse la fumée vers les abat-jours. L'autre courant est ménagé sous la plaque foyère, passe derrière la bretagne et pousse la fumée qui sort de l'abat-jour dans la gaîne de la cheminée. Pour régler ce second courant, M. Perrachon place derrière la bretagne une plaque divisée en petits canaux au moyen de lamettes verticales. Cette plaque à lamettes donne à l'air plus d'activité en le forçant à monter directement au lieu d'errer sur une large surface.

Cette première partie de l'appareil suffit à elle seule pour chasser puissamment du foyer la fumée produite par le feu, mais M. Perrachon complète son invention par un second préservateur placé sur les toits au sommet du tuyau.

Cet autre appareil empêche le vent de barrer passage

à la fumée et de la repousser dans les appartements. Il se compose de deux abat-jour parallèles, séparés par deux plaques. Les lames de ces abat-jour se chevauchent de la moitié de leur longueur. Les grands vents, en les frappant horizontalement, prennent une direction ascensionnelle et attirent ainsi la fumée au lieu de la repousser; si le vent, au contraire, frappe verticalement sur la cheminée, il se heurte sur le chaperon et glisse le long des abat-jour sans pouvoir pénétrer dans l'appareil. Par surcroît de précautions, M. Perrachon place au-dessous du chaperon deux lames en forme de V, chargées de renvoyer au dehors le vent qui pourrait réussir à s'introduire par en haut.

E. Huard et Cie, rue de l'Entrepôt, 37, à Paris.

N° 99. *Grils sans fumée et cafetières.*

Le catalogue a omis de désigner parmi les produits exposés par **M.** Huard celui qui mérite le mieux de figurer à la classe 91. Nous voulons parler de ses lampes modérateurs. Les grils sont ingénieux, mais leur prix (3 francs et 5 fr. 75 c.) en fait des objets de luxe. Mais les sortes courantes de lampes fabriquées par **M.** Huard nous paraissent mériter une mention toute spéciale.

En voici les divers modèles avec les prix nets :

Corps fer-blanc bronzées, unies, cannelées, estampées à 3 francs, 3 fr. 50 c., 4 fr. 50 c. et 5 fr. 50 c. pièce.

Modèles quart riches, gorges et doucines vernies:
4 francs, 4 fr. 75 c., 5 fr. 75 c., 7 francs.

Demi-riches, tout cuivre, gorges et doucines vernies :
6 fr. 25 c., 7 fr. 50 c., 8 fr. 50 c.

Gourdes porcelaines décorées (toutes couleurs) :
4 fr. 75 c., 5 fr. 7 fr. 75 c., 8 francs, 10 francs.

Lampes riches, forme bouteille, depuis 20 francs.

Enfin, les trépieds (porcelaine, coupe et embase vernie) :
1 fr. 75 c., 2 francs, 2 fr. 50 c., 3 francs, 3 fr. 50 c.

Toutes ces lampes sont garanties.

Girardin (P.), rue du Temple, 83, à Paris.

Nº 130. *Lampes et suspensions.*

M. Girardin, déjà représenté à la classe 24 par ses produits de luxe, a exposé à la classe 91 ceux qu'il fabrique aux prix les plus réduits. Nous y voyons des lampes établies dans de bonnes conditions à 8, 9 et 13 francs qui pourraient à la rigueur être considérées comme un progrès dans la voie du bon marché. Une boule d'antichambre à 9 francs. Le prix est modéré, mais l'ouvrier, le petit commerçant, ne mettent pas de boule d'éclairage dans leur antichambre, si tant est qu'ils en aient une. Nous ferons la même observation pour la suspension de salle à manger portant 2 lampes à schiste et marquée 60 francs.

Lépine et Bourdon, rue Culture-Sainte-Catherine, 26, à Paris.

Nº 129. *Lampes et suspensions.*

MM. Lépine et Bourdon ont exposé des lampes et des

6.

suspensions, mais tous ces modèles sont beaucoup trop beaux, beaucoup trop riches pour ne pas se trouver en contradiction avec notre programme. Sans doute ces honorables négociants avaient le sentiment que la véritable place de leurs produits était à la classe 24, car ils n'ont pas jugé à propos d'indiquer le prix de leurs lampes.

Maes (J.-J.), rue Meslay, 4, à Paris.

N° 131. *Lampes et suspensions.*

M. Maes a sans doute placé ses produits à la classe 91 faute de vitrine à la classe 24. Son exposition est toute de luxe et aucune de ses lampes n'a été faite en vue de la clientèle populaire.

Fauvel (L.-A.), rue Saint-Pierre-Popincourt, 6.

N° 128. *Flambeaux et candélabres à lanternes pour jardins.*

M. Fauvel, qui a su s'élever de simple ouvrier à la situation de chef de fabrique par son intelligence et son activité, mérite assurément l'éloge le plus sincère pour l'élégance de ses produits et le fini de leur exécution. Ses flambeaux à lanternes pour jardins étaient dignes d'une place spéciale dans la classe 24; mais nous ne pouvons admettre leur présence dans la classe 91. Ce sont là essentiellement des objets de luxe. Il faut avoir un parc ou tout au moins une propriété à soi pour faire usage de ces luxueuses lanternes. C'est donc sans aucun doute du jury de la classe 24 que M. Fauvel doit réclamer l'examen de son exposition.

Foucault (Théophile), rue Meslay, 67, à Paris.

N° 43. *Lampes nouvelles brûlant de l'huile à bon marché.*

M. Foucault expose dans la classe 91 des lampes disposées pour brûler des huiles de basse qualité, ou les huiles nouvelles, comme les huiles de bois, de houille, etc., qui permettent de réaliser de notables économies. M. Foucault, qui s'est déjà fait connaître par de nombreuses et importantes découvertes en chimie, a réussi à extraire de la houille, dans des conditions exceptionnellement économiques, une excellente huile d'éclairage qu'il livre au commerce à 50 centimes le litre. Nous avons expérimenté cette huile. M. Foucault nous a démontré qu'elle peut être consommée dans tous les modèles de lampes, modérateur, carcel, etc. La lumière en est fort belle. Elle ne répand pas l'odeur désagréable des huiles de schiste ordinaires et ne produit pas de fumée. Sa chaleur projetée est assez considérable enfin pour qu'en l'utilisant dans une lampe réchaud, on puisse obtenir en quelques minutes de l'eau bouillante. Nous croyons devoir encourager vivement les petits ménages qui songeraient à expérimenter cette huile nouvelle, susceptible d'apporter dans la consommation pour l'éclairage du travail de nuit une économie de 30 à 40 0/0.

Magnin et Cie, rue des Trois-Bornes, 9, à Paris.

N° 94. *Lampes-bougeoirs à pied brûlant sans liquide.*

Le plus petit modèle des lampes-magnin coûte 50 centimes. Il consomme de l'essence d'huile de pétrole à raison de *un centime pour trois heures.* Il semble que ce soit là dans l'industrie domestique un progrès des plus dignes d'encouragement. M. Magnin présente sa lampe nouvelle comme brûlant sans liquide. En effet, le fond de la lampe est rempli d'une matière spongieuse, telle que du coton légèrement imbibé d'esprit de pétrole. Les vapeurs qui s'en dégagent filtrent à travers un tamis, gagnent la mèche et s'y condensent pour entretenir la flamme. Les essences provenant de la rectification des huiles minérales sont d'un emploi presque nul dans l'industrie. Leurs quantités disponibles, leur bas prix ont servi de point de départ à l'ingénieuse invention de M. Magnin, qui a de plus l'avantage sur l'emploi de l'huile et de la bougie que l'on peut circuler avec la lampe Magnin, sans jamais craindre de se tacher ou de salir les étoffes des meubles par une maladresse. Reste à savoir, si le maniement de l'essence de pétrole ne peut pas susciter de sérieux dangers.

Charles Macé, rue Saint-Maur, 150, à Paris.

N'est pas porté au catalogue. *Lampes et lanternes.*

C'est surtout par la fabrication des lanternes que M. Macé se recommande à notre attention. Le modèle à 1 fr. 40 c. est fabriqué dans de très-bonnes condiions. La lampe œil-de-bœuf à 2 fr. 25 c., modèle de poche, pour lire en chemin de fer (épigramme très-fondée contre le mode d'éclairage insuffisant des Compagnies), n'est sans doute pas à sa place au groupe X ; elle devrait figurer dans la classe 24, mais nous n'avons pas voulu passer à côté de cette très-louable invention sans lui accorder un mot d'éloge.

CLASSE 25.

Parfumerie.

MM. Espagnard et Cie.

Espagnard et Cie, faubourg Saint-Martin, 283, à Paris.

N° 54. *Parfumerie à bon marché.*

Le principal produit de la maison Espagnard est l'eau mexicaine qui se vend 1 fr. 50 c. le flacon, comme presque toutes les eaux de toilette de seconde catégorie. Nous ne saurions voir là un progrès, ni reconnaître à la parfumerie un droit sérieux pour figurer à la classe 91. Renvoyé à la classe 25.

CLASSE 26.

Tabletterie. Néceſſaires. Petits meubles de fantaiſie.
Peignes & Broſſerie.
Maroquinerie. Porte-monnaie. Porte-cigares.
Objets divers en bois, en ivoire, en écaille, &c.
Vannerie.

TABLETTERIE DE SAINT-CLAUDE.

TABLETTERIE DE LA BOISSIÈRE.

MM. MASCRÉ-DESMARQUET.

DIEHL.

Vᵉ PREIS et Cⁱᵉ.

ADT frères.

ESTEUF.

FRANÇOIS.

MOUILLON ET EDON.

GUIRAND.

DAVID (Hippolyte).

BEZ PÈRE ET FILS ET COURTOIS.

FAUVELLE-DELEBARRE et fils.

HEMET.

RAVENET aîné.

LACOSTE.

RENNES.

MASCRÉ-LARSONNIER.

Sylvain-Boullenger.

Legrand.

Cossard et Cie.

Dupont et Deschamps.

Dubourg.

Siméon Saignol.

Catoor.

Lindinblith.

Hagen.

Schoenfeld.

Chandellier.

Mlle Mennesson.

MM. Figeac et Druau.

Raimond.

Bondier, Donninger et Ulbrich.

Delestre.

Pauliat.

Barbotte.

Dubrusle.

David (Claude).

Tabletterie de Saint-Claude (exposition collective), à Saint-Claude (Jura).

N° 55. *Exposition faite par la chambre consultative de commerce.*

La chambre consultative de Saint-Claude aurait dû, pour son exposition de tabletterie, figurer à la classe 26, car, sur les 3,000 objets de fabrication courante qui rentrent dans sa spécialité de production, bien peu sont d'utilité populaire : les tabatières, les pipes, les porte-cigares, les bilboquets, les trictracs, les castagnettes, les hochets d'enfants, les bonbonnières, les cassolettes, les étuis sculptés et guillochés en ivoire, en os ou en écaille, doivent être essentiellement catégorisés parmi les objets de luxe. Ce ne serait donc que par l'influence morale et productive de cette industrie pour les populations de Saint-Claude et des environs que nous aurions à enregistrer l'état où elle se trouve.

En effet, outre la ville de Saint-Claude, 39 communes environnantes vivent de ces travaux. Le nombre total des ouvriers est de 6,500, dont 1,000 ouvrières. Ces ouvriers préparent à Saint-Claude l'ébauche des objets qu'ils sont chargés de fabriquer; cette opération se fait sur des tours mûs par des moteurs hydrauliques d'une force de 300 chevaux. Puis l'ouvrier achève chez lui, en famille, le travail ébauché. On fabrique ainsi par jour, à Saint-Claude, jusqu'à 28,000 pipes. Les ventes annuelles de l'article Saint-Claude au commerce de détail ou à l'exportation s'élèvent environ à 7,500,000 francs.

Saint-Claude et Septmoncel exploitent en outre la lapidairerie fine et fausse, qui occupe sept communes et environ 1,500 ouvriers qui reçoivent comme prix de main-d'œuvre environ 400,000 francs.

Exposition collective de la tabletterie de la Boissière (Oise).

Nos 74. 75. 76. 77. 78. 79. 80. 81. 82. 83. 85. 86. 87.

MM. Lesieur, Mascré-Larsonnier, Baude-David, Carbonnier, Blondel-Duval, Taviaux-Dobigny, Gallant et Odent, Anonier-Benjamin, Crosnier-Fleury, Ernest Odent, Taviaux-Aumont, Mascré-Desmarquet, Odent-Cauchois, Odent-Duchemin ont représenté à la classe 91 l'industrie de la Boissière par un certain nombre de cartes d'échantillons. Ce sont des paillettes d'acier poli pour brosserie, des brosses à dents et à ongles, des cuillers et des fourchettes en os, en buffle, des jetons et fiches pour jeux, des éventails, des feuilles de cornes, des mètres, etc. Cette exposition est remarquable, et prouve que les petits fabricants de l'Oise se maintiennent à la hauteur de toute concurrence. Mais justement parce qu'ils fabriquent peu et bien, ils ne peuvent être considérés comme représentant la tendance au bon marché. Presque tous devraient donc concourir dans la classe 26, où sont catégorisés les produits similaires; mais ils n'ont pour notre étude sur l'avenir de la classe 91 qu'un intérêt secondaire, leurs produits étant presque tous destinés à donner satisfaction à des besoins de luxe.

Mascré-Desmarquet, à la Boissière (Oise).

N° 85. *Feuilles de corne.*

M. Mascré-Desmarquet a passé avec les principaux tanneurs de Paris des marchés en vertu desquels on lui livre des cornes de bœufs de choix. Il commence par ouvrir au feu ces cornes, puis, au moyen de presses en fer, on les aplatit entre des plaques chauffées à un degré élevé. Refroidies, on les scie mécaniquement, à l'aide d'une scie circulaire, en feuilles de 1 millimètre 1/2 d'épaisseur. Enfin, on gratte et on polit ces lames déjà si minces, de façon à leur donner une transparence presque égale au verre.

M. Mascré-Desmarquet est breveté pour un perfectionnement qu'il a apporté à l'outillage spécial de son industrie et qui lui a permis de réduire notablement le prix de revient et par suite de baisser ses prix de vente. Constatons de plus qu'il est parvenu le premier depuis quelques mois à teindre ses feuilles de corne de toutes couleurs.

Les feuilles de cornes inférieures sont vendues pour les lanternes à des prix très-bas. Mais ce bas prix, qui varie entre 29 centimes et 50 centimes, n'est que relatif et ne nous apporte pas un progrès économique bien sérieux, puisque nous trouvons déjà des lanternes toutes montées à 62 centimes.

Diehl (Charles-Guillaume), rue Michel-le-Comte, 19, à Paris.

> N° 520. *Fabrique de meubles et boîtes à ouvrage;
> jardinières, nécessaires, boules.*

M. Diehl fabrique des boîtes à ouvrages, à gants, etc., en marqueterie, à des prix véritablement très-réduits, mais nous ne pouvons admettre comme utiles à la classe ouvrière et nécessiteuse ces élégants petits meubles qui ne peuvent figurer sans être déplacés que dans un intérieur très-confortable, et qui doivent se classer parmi

les superfluités de la vie. L'exposition de M. Diehl ferait très-bonne figure à la classe 26.

Veuve J. Preis et Cie, à Strasbourg (Bas-Rhin).

> N° 44. *Articles en tôle et fer-blanc, vernis, estampés,*
> *repoussés.*

L'industrie des tôles et fers-blancs vernis fut longtemps
tributaire de l'Allemagne. C'est à la maison Preis, fondée aux environs de Strasbourg au commencement de
l'année 1861, qu'on doit l'importation de cette spécialité
en France. Tout d'abord l'usine n'employa qu'une tren-
taine d'ouvriers qu'on fit venir à grand frais d'Allemagne; elle était outillée petitement et ses débuts furent
difficiles. La clientèle française était tout entière à ral-
lier; les modèles importés d'Allemagne ne plaisaient pas
et il fallait les modifier et les approprier au goût plus
fin de la France. La maison Preis n'hésita pas et au prix
de sacrifices journaliers reforma tous ses modèles, formes, dessins etc.; grâce à ses efforts, la vente, qui la
première année n'avait pas dépassé 56,000 francs, attei-
gnit 96,000 francs en 1862, et depuis cette époque le
chiffre des ventes s'est graduellement élevé à plus de
325,000 francs. La création d'un dépôt à Paris, rue du
Parc-Royal, 5, contribua puissamment à cette augmentation dans le chiffre des ventes.

Aujourd'hui la maison de Mme veuve Preis exporte des
quantités de ses produits, chaque jour plus considérables,
en Espagne, en Italie, en Suisse, en Belgique, en Amérique
et même en Orient. La fabrique occupe plus de 100 ou-

vriers, dont 80 hommes environ et 25 femmes, non compris les apprentis des deux sexes.

Comme force motrice, une roue hydraulique de la force de 6 à 7 chevaux fait marcher : 6 bancs de repoussage, un grand banc de repoussage en rond et ovale, un grand moulin à couleurs, une cisaille circulaire, une machine à border, deux moutons pour l'estampage, marchant par la transmission s'opérant au moyen d'un câble métallique de 72 mètres de longueur. Le grand mouton pèse 900 kilogrammes et peut s'élever à une hauteur de 1ᵐ,25. Le petit mouton pesant 600 kilogrammes, s'élève à la même hauteur.

Outre cet outillage, la fabrique possède, se manœuvrant à bras, un grand balancier ayant 0ᵐ,55 d'ouverture du bas, deux balanciers de format plus petit, trois découpoirs balanciers de différents calibres, un grand et deux petits laminoirs, trois cisailles verticales, une machine à canneler le fer-blanc, etc., etc.

Les vernis noirs ordinaires, les vernis à la gomme copal demi-fins, fins et supérieurs sont fabriqués dans l'usine de Mᵐᵉ veuve Preis, ainsi que toutes les autres espèces de vernis nécessaires à son industrie.

Bien que les objets de la fabrication de Mᵐᵉ veuve Preis réunissent incontestablement l'élégance au bon marché, nous ne pouvons cependant nous empêcher de constater que son exposition ressort plutôt de la classe 26 que de la classe 91. Tous ces objets sont destinés à satisfaire un goût de luxe ou de confortable dont n'a pas à se préoccuper l'ouvrier, car le jour où il satisfait ces goûts, même à fort bon compte, c'est qu'il a plus que le nécessaire, que le superflu devient chez lui un besoin, c'est que ses bénéfices sont suffisants pour que l'aisance règne dans son intérieur, et il passe de la classe qui lutte à celle qui jouit. De ce jour là, il n'a plus qu'à considérer ses moyens et à équilibrer sagement ses fantaisies, il n'a plus besoin de l'appui que nous tentons de lui prêter par la recherche raisonnée d'économies importantes sur les objets de première nécessité.

Mais si nous nous sommes étendus aussi longuement sur le compte de la maison veuve J. Preis, c'est que nous avons été heureux de voir fonctionner chez elle une organisation philanthropique qui devrait avoir sa place dans toutes les grandes usines et qui par conséquent mérite l'attention spéciale de ceux qui s'intéressent au bien-être de la classe ouvrière.

Chez Mme veuve J. Preis, le salaire journalier des ouvriers varie entre 2 fr. 50 c. et 7 fr. 50 c. Les ouvriers à la pièce peuvent aisément, en raison de leur habileté, dépasser ce dernier chiffre. Les femmes gagnent de 75 centimes à 1 fr. 50 c. par jour.

Une caisse de secours mutuels a été fondée par un comité d'ouvriers encouragés et secondés par les chefs de la maison. Cette caisse fonctionne sous le patronage du comité depuis le 1er janvier de cette année, et déjà les intéressés ont pu se rendre compte des services qu'elle est appelée à leur rendre. Les cotisations sont pour les hommes de 25 centimes par semaine, de 15 centimes pour les femmes. De plus, toutes les amendes, par la décision de Mme veuve Preis, tombent dans la caisse de secours. Cette organisation permet de donner actuellement aux malades, après cinq mois de fonctionnement, 10 francs par semaine et les soins gratuits des médecins.

C'est un exemple qui, nous l'espérons, sera bientôt imité par toutes les grandes fabriques de France.

Adt frères, à Forbach (Moselle).

Nº 40. *Objets de carton cuit vernissé.*

Assurément MM. Adt frères sont à la tête d'une industrie vraiment intéressante. Créée par leur grand-père, cette combinaison ingénieuse du carton et du vernis, en donnant de l'emploi à un grand nombre de travailleurs, a dû être une cause certaine de bien-être dans les communes où fonctionnent leurs usines. Ils ont une importante installation à Forbach, une machine à vapeur de 20 chevaux, un nombreux personnel chargé des opérations suivantes, qui se font pour la plupart avec la collaboration de machines diverses : D'abord le découpage du carton, qui dans les presses à moulages prend ensuite les formes voulues ; une épaisse couche de lin séchée à un degré fort élevé permet de polir les objets sur de grandes meules de grès, horizontales, et qu'on a soin de maintenir humides pendant l'opération du polissage. La première couche de vernis posée au pinceau, on obtient le séchage rapidement dans de grands fours en tôles ; Puis les objets ainsi préparés passent aux mains d'ouvrières de treize à vingt ans, chargées de poser les incrustations. Les vides existant entre le relief des incrustations sont comblés par de nombreuses couches de vernis. Enfin une dernière opération de polissage se fait sur des meules en bois horizontales avec du charbon de bois pulvérisé.

On le voit, la main-d'œuvre est tout ici. La matière première est insignifiante comme dépense. Mais cette curieuse transformation du carton ne constitue pas moins une industrie de luxe. On n'a pour s'en convaincre qu'à examiner la nature des objets qui sortent de la fabrique de MM. Adt frères, des tabatières, des nécessaires, des coffrets, des plateaux, etc., qui feraient très-bonne figure parmi les produits de tabletterie de la classe 26, mais qui ne réunissent aucun des caractères que nous recherchons ici.

Esteuf (A.), rue Aumaire, 41, à Paris.

Nº 45. *Articles en tôles et cartons, vernis et décorés.*

Assurément les produits de M. Esteuf sont jolis, élégants et d'un prix fort raisonnable. Mais tous ces bibelots superflus ne sauraient être proposés comme utiles aux classes laborieuses, et c'est dans la classe 26 qu'ils devraient figurer pour y obtenir l'attention à laquelle ils ont droit.

François (G.-H.), rue de Bondy, 86, à Paris.

Nº 38. *Ornements d'appartements en zinc et tôle, vernis, découpés et décorés ; papiers forts pour cache-pots.*

Les jardinières, suspensions, corbeilles en métal exposées par M. François ne sauraient convenir à la classe 91.

Ce sont là meubles de luxe. Nous croyons cependant que ses cache-pots en papier (il y en a à 50 centimes) peuvent répondre à un besoin modeste de confortable qui ne dépasse pas les moyens de l'ouvrière.

Mouillon et Edon, rue des Enfants-Rouges, 7, à Paris.

N° 103. *Articles de religion et garnitures de cheminées en albâtre et imitation d'onyx.*

L'exposition de MM. Mouillon et Édon comprend une foule de petits objets en albâtre et imitation d'onyx à très-bon marché, qui constituent l'ornementation du logis de l'ouvrière. Ce sont des bénitiers, des petits médaillons de sainteté, des pelotes, des baguiers, des vide-poches, des boîtes à épingles et à aiguilles, tout le luxe du travailleur qui peut ainsi donner un air de gaieté à son intérieur. Les prix en sont parfaitement abordables, et le travail de fabrication de cette bimbeloterie est aussi soigné qu'on peut le demander à cette industrie populaire.

G. Guirand, rue Notre-Dame-de-Nazareth, 73.

N° 110. *Peignes en tous genres.*

M. Guirand qui figure déjà à la classe 26 pour sa remarquable fabrication de peignes d'écaille, a exposé dans la classe 91 des peignes-démêloirs et autres en buffle, façon buffle et façon écaille, corne d'Islande, etc. Mais ce qu'il présente comme devant être classé parmi les produits utiles, ce sont ses peignes d'écaille à dos de métal.

Le *Retaper dos métal écaille* pour lequel M. Guirand est breveté est un peigne à dos incassable. grâce à une baguette de métal qui se trouve soudée entre deux plaques d'écaille de façon à faire tout à fait corps avec le peigne. Le surcroît de poids est insignifiant, il varie entre deux et trois grammes par peigne. Et d'ailleurs, l'article ainsi établi, est vendu par M. Guirand 40 0/0 de moins que les articles similaires sans baguette de métal.

Assurément, nous nous plaisons à reconnaître qu'il y a là un progrès. L'acheteur préférera un peigne d'écaille d'une solidité prouvée aux articles très-fragiles que l'on produisait jusqu'à ce jour. Mais pour les classes laborieuses, quel service peut-on attendre de ce produit? Ce ne sont pas des peignes à 35 centimes le gramme qu'il nous faut ici, mais à moins de 35 centimes pièce, quelle qu'en soit la matière, car nous ne devons pas perdre de vue que nous nous occupons avant tout des intérêts de l'ouvrier et du cultivateur.

Hippolyte David, à Nantua (Ain), et rue Saint-Denis, 361 (Paris).

Nº 106. *Bijouterie en corne, peignes de corne.*

La maison fondée par M. J.-B. David, en 1825, fabrique les peignes de corne en tous genres à des conditions de bon marché qui méritent notre attention.

Les avantages obtenus successivement par MM. David

père et fils, dans leur industrie, sont importants. Ils sont parvenus à employer la corne brute dans son entier, et la perfection de leur outillage mécanique, mû par la vapeur, leur a permis de produire très-rapidement, dans de bonnes conditions de prix de revient, sans nuire à la qualité des objets fabriqués.

M. Hippolyte David occupe environ 150 ouvriers en temps ordinaire. Il emploie dans son usine des presses à aplatir la corne, des presses à mouler les tabatières, des scies circulaires pour débiter la corne, des scies à rubans pour rogner, machine à planeter, machine à couper les dents de peigne, scies à découper les dessins, tours à graver, à poncer et à polir, machines à lames pour entrecouper les peignes à chignons, etc.

La fabrication de M. David comprend les peignes en corne à retaper, à chignons, à décrasser, à moustaches ; les tabatières en buffle, et les anneaux ou bracelets.

Voici les prix de ses produits :

Peignes à chignons de 0 75 c. la douz. jusqu'à 48 fr.
    —   à retaper de 2 —   —   —   18 »
Tabatières buffle de 5 —   —   —   30 »
Anneaux ou bracelets 45 — cent paires —   96 »

Bez père et fils et Courtois, à Labastide-sur-l'Hers (Ariége).

N° 111. *Peignes.*

C'est à l'aide de procédés mécaniques sans cesse perfectionnés de génération en génération, que la maison

Bez père, fils et Courtois, une des plus anciennement connues dans la fabrication des peignes, est parvenue à unir dans ses produits une exécution remarquable à des prix de vente fort réduits. Ils nous ont paru produire dans des conditions exceptionnellement avantageuses de bon marché, grâce à leur outillage spécial, le peigne à retaper dit à baguette.

Fauvelle-Delabarre et fils, boulevard Bonne-Nouvelle, 10, à Paris.

Nº 105. *Peignes en caoutchouc, en buffle, en corne.*

La vitrine de M. Fauvelle-Delabarre contient des modèles de peignes en caoutchouc depuis 4 fr. 50 la douzaine et de peignes en buffle et en corne jusqu'à 7 fr. 75 c. et 8 fr. 50 c. la douzaine. La fabrication en est très-soignée et justifie les nombreuses médailles obtenues par la maison Fauvelle-Delabarre à toutes les expositions.

Hemet (J.-B.), rue Saint-Denis, 374.

Nº 112. *Peignes.*

A une époque de morte-saison où les peignes de buffle et imitation-écaille peu demandés laissaient du répit aux fabricants, Mlle Hemet imagina d'agrandir le cercle des affaires de son père en ajoutant aux peignes ordinaires une ornementation variée qui pût permettre néanmoins de livrer à très-bon marché ces peignes ainsi modifiés. Avec une intelligence remarquable malgré sa jeunesse, (elle a dix-huit ans) elle combina tous les moyens, trouva les procédés et réussit à créer une nouvelle branche dans l'industrie parisienne. A la fabrique de peignes-papillotes, touffes, etc., de son père, elle a ajouté la spécialité des Ninons montés diadème, pour lesquels elle a composé elle-même au moins 150 modèles. Ces peignes, qui font un effet un peu bruyant, trouvent surtout leurs débouchés dans l'exportation. Leur excessif bon marché leur assure un écoulement facile. Mlle Hemet nous en a montré depuis 12 francs jusqu'à 50 francs la douzaine, avec 10 0/0 d'escompte. Les perles de toute espèce, les pierres fausses, le cuivre doré gaufré et repoussé composent la base de ces ornementations. M. Hemet fait annuellement de 30 à 35,000 francs d'affaires.

Ravenet aîné (L.-A.), rue Saint-Denis, 366, à Paris.

N° 107. *Peignes*.

M. Ravenet a eu le soin, par un esprit de justice dont on doit lui savoir gré, d'indiquer son principal coopérateur. « Peignes buffle faits par mon ouvrier Baptiste Frémont, » dit une pancarte apposée au-dessus de ses échantillons de peignes. Nous regretterons seulement que les prix indiqués soit hors de toute comparaison avec les produits similaires des concurrents.

A. Lacoste, à Périgueux (Dordogne).

N° 108. *Peignes au goudron de Norwége.*

M. Lacoste, abusivement inscrit au catalogue sous le

nom d'Annet, ne devrait pas figurer à la classe 91. Sa place était à la classe 26. Il reconnaît lui-même que ses peignes brevetés au goudron de Norwége, qu'il recommande comme un préservatif infaillible contre la chute des cheveux, ne peuvent être classés parmi les produits réunissant le bon marché à l'utilité. C'est là un produit hygiénique assurément, s'il tient tout ce qu'on s'en promet, mais c'est un objet de luxe qui n'est à la portée que des familles aisées.

Rennes (A.), rue Saint-Denis, 116, à Paris.

Nº 63. *Brosserie grosse et fine ; balais.*

« La brosserie est une industrie de première nécessité et d'une importance considérable, par la grande consommation qui se fait de ses produits, depuis les brosses à chaussures à 12 francs le cent jusqu'aux brosses de luxe à 200 francs pièce. Mais c'est surtout dans la brosserie ordinaire que cette nécessité se fait sentir ; car on peut se passer d'une brosse de 200 francs, tandis que tout le monde est obligé de se servir de la brosserie usuelle, surtout au point de vue hygiénique.

» Tous nos grands établissements, nos usines, nos chemins de fer, sont forcés d'y avoir recours et n'existeraient pas sans elle ; elle est aussi nécessaire que la chaussure et les vêtements.

» La fabrication de la brosserie n'étant pas encore généralisée, il n'y a guère que l'Allemagne, la Belgique, l'Angleterre et les États-Unis qui se soient approprié cette industrie.

» La Belgique et l'Allemagne produisent beaucoup, mais leurs produits sont inférieurs comme travail et comme qualité.

» Les États-Unis ont commencé seulement à fabriquer la brosserie vers 1840, et sont parvenus à se suffire, mais seulement comme brosserie d'un prix assez élevé, car, pour la brosserie ordinaire, ils sont restés tributaires de la France.

» L'Angleterre est donc jusqu'à présent la seule nation qui puisse soutenir avec nous une comparaison sérieuse dans la brosserie, mais surtout dans la brosserie fine, montée sur os et ivoire.

» Nous lui sommes redevables du genre de montage employé par les fabricants de brosserie fine, et dit *montage à l'anglaise*, lequel donne plus d'élégance à la brosse, et en supprime entièrement le placage.

» Au commencement de ce siècle, le chiffre d'affaires des plus forts fabricants ne dépassait pas 55 à 60,000 francs par an. Cette industrie se trouvait presque entièrement concentrée rue Saint-Denis, à Paris.

» En 1835, la maison Beuvard, rue Saint-Denis, n° 94, qui était alors la plus importante, n'arrivait qu'au chiffre de 80,000 francs annuellement. Depuis, ce genre de fabrication a progressé d'une manière remarquable, surtout à Paris, où elle a toujours conservé le premier rang. Néanmoins, Charleville, Lille, Rouen, Nantes, Lyon, Bordeaux, Marseille, etc., ont des fabriques d'une certaine importance, mais dont les produits, comme qualité et comme perfection, sont loin d'être irréprochables.

» Par suite de l'accroissement des besoins, et aussi par

le libre-échange qui a affranchi ce commerce des droits presque prohibitifs dont l'exportation était grevée, le chiffre total des affaires, qui n'était pour la France, en 1855, que de 18 millions de francs, était porté à 24 millions en 1866. »

C'est à un remarquable travail publié par M. Rennes lui-même que nous avons emprunté les détails qui précèdent, et qui permettront mieux au lecteur de se rendre un compte exact des progrès apportés dans cette industrie par les efforts constants et les inventions ingénieuses de cet honorable fabricant.

Jusqu'à ce jour, il n'existe, manuellement, que trois genres de montage : 1° Montage à la poix ; 2° montage à la ficelle ou au laiton ; 3° montage à l'anglaise.

M. Rennes est l'inventeur du montage mécanique.

M. Rennes, fils d'un ancien capitaine décoré sous le premier Empire, vint à Paris à l'âge de treize ans, et débuta comme apprenti dans la maison Beuvard ; il y devint premier commis et y resta jusqu'en 1839, époque où il créa sa fabrique.

En quelques années elle devint considérable, parce que, le premier, il apporta dans la fabrication de grandes améliorations ; presque tous les modèles furent changés et perfectionnés par lui.

Dès 1839, M. Rennes perfectionna et déposa divers modèles de brosses.

En 1843, il prit un brevet pour une brosse à frotter articulée, pouvant, par ce moyen, suivre les inégalités du parquet.

En 1853, M. Rennes inventa et fit breveter la brosse

pour le lavage des voitures, dite passe-partout mobile, lequel, se changeant de bas en haut, donnait ainsi une durée double, attendu que dans le passe-partout ordinaire le haut seul était usé, tandis que le bas restait intact.

En 1854, il fit breveter une brosse à frotter cannelée, préservant par ce moyen la ficelle et maintenant le pied du frotteur par les aspérités du cannelage, avantage que n'ont pas les brosses ordinaires, dont la surface unie laisse la ficelle apparente, laquelle se trouve usée par le pied.

Dans le principe, M. Rennes faisait faire ce cannelage à la main, ce qui lui coûtait 50 centimes par bois.

Il inventa ensuite un instrument avec lequel il arrivait à en faire 24 par jour. Et puis, en 1855, il exposa une machine produisant alors 200 bois par jour; ce qui lui permit de vendre ces brosses améliorées au prix des brosses ordinaires, but vers lequel ont toujours tendu les recherches de M. Rennes.

Jusqu'en 1866, le chiendent se coupait au moyen de ciseaux ; il imagina alors un couteau en forme de guillotine qui rendait cinq fois plus, et lui permettait ainsi une réduction de prix, la qualité restant la même.

En 1862, M. Rennes prit un brevet pour une brosse mobile, destinée au frottage à bras des appartements, appareil créé dans le but de venir en aide aux personnes faibles, et surtout aux femmes que le frottage ordinaire expose à beaucoup de dangers.

En 1866, il fit breveter un autre appareil aussi pour le frottage à bras, d'une extrême simplicité, qu'il vend aujourd'hui 4 et 9 francs pièce, tandis que les appareils vendus ailleurs pour le même usage 15 et 22 francs sont loin de réunir les mêmes avantages.

Cet appareil est donc, par son prix modique, accessible à tous. Il est inutile d'ajouter que les brosses, une fois usées, peuvent être remplacées dans l'un comme dans l'autre appareil.

En 1866 et 1867, il prit encore deux brevets pour deux nouveaux appareils propres au balayage.

L'un appelé balai-brouette, monté sur deux roues, d'une grande légèreté, servant manuellement aux cantonniers, et s'appliquant aussi d'une façon avantageuse au balayage des grands établissements produit, sans fatigue, quatre fois autant de besogne qu'un balai ordinaire.

L'autre appareil, appelé balayeuse rotative, supprime la poussière, laquelle se trouve entraînée par le jeu du balai et encaissée dans des tiroirs destinés à cet usage.

Cet appareil peut s'employer à l'intérieur pour les appartements, soit sur parquet, soit sur tapis, et à l'extérieur pour les trottoirs et emplacements bituminés. (Grandeurs depuis $0^m,40$ jusqu'à $0^m,80$.)

Sous le rapport hygiénique, cette balayeuse pourrait être employée dans les hôpitaux, et apporterait ainsi un soulagement aux malades, que la poussière incommode toujours gravement.

Établi dans de plus grandes proportions, cet appareil peut balayer de grands espaces avec rapidité.

La maison Rennes présente à l'Exposition non-seulement les brosses et appareils cités ci-dessus, mais aussi,

pour la classe ouvrière, des produits de bonne qualité et
à des prix d'un bon marché extrême.

Ainsi elle vend :

Balais de crin pour appartements
à ....Fr.   55 et 150 le 0/0
Brosses à habits............ ...   35 et 45   —
Brosses à tête ....   35 et 50   —
Brosses pour chaussures........ 12, 14 et 20   —
Brosses à frotter.............   75   —
Plumeaux en *crin pouvant durer*
deux ans   175   —

Elle présente en outre plus de vingt-cinq modèles qui
lui sont propres, comme brosses pour meubles en bois
sculptés, meubles garnis de velours ou autres étoffes;
brosses pour intérieurs de voitures et pour tapis de
billards; brosses nouvelles formant la tête, pour la toilette des chevaux, permettant ainsi par cette disposition
de faire un pansage complet, ce que l'on n'avait fait
que difficilement jusqu'à présent.

M. Rennes expose aussi des brosses à frotter le parquet
montées mécaniquement, les seules qui aient été faites
jusqu'à ce jour.

Nous avons dit que M. Rennes avait découvert le
moyen mécanique pour le montage des brosses.

Une circonstance particulière fut la cause de cette invention. En 1855, Leurs Majestés, visitant la section des
machines où M. Rennes faisait alors fonctionner sa can-
neleuse pour bois de brosses, lui demandèrent si ses
brosses étaient aussi montées mécaniquement.

M. Rennes répondit à Leurs Majestés que ce montage

était impossible ; cependant cette demande le fit réfléchir, et il se mit à l'œuvre dans l'espoir d'obtenir une solution favorable au problème soulevé par Leurs Majestés.

Mais des difficultés presque insurmontables surgissaient à chaque instant et venaient remettre tout en question, quand il croyait toucher au but.

Cinq machines furent successivement construites et mises en mouvement, mais elles ne donnaient pas un résultat satisfaisant comme main-d'œuvre ; la sixième, enfin, au bout de onze ans et demi de recherches et de dépenses considérables, est venue récompenser M. Rennes de ses sacrifices, en lui donnant un résultat presque inespéré.

A l'aide de cette machine, une personne étrangère à la fabrication de la brosserie peut, au bout de quinze jours, fabriquer une brosse à frotter, travail qui demande chez un ouvrier intelligent quatre années d'apprentissage.

M. Rennes obtient sur la main-d'œuvre par ce moyen mécanique une économie considérable sur les brosses à frotter, et il appliquera sous peu à d'autres genres de brosses ce nouvel agent de production ; la brosserie fine surtout se fera même avec plus de facilité que la brosse à frotter.

Ce nouveau mode de fabrication nécessitant un perçage spécial, M. Rennes a dû chercher et a trouvé ce moyen pour venir en aide et compléter le travail mécanique. M. Rennes obtiendrait de 45 à 50 0/0 d'économie en faisant faire ce travail à Paris par des hommes, et au moins 60 0/0 s'il était effectué par des femmes. — Fait en province, l'économie en serait encore bien plus grande. — D'autres machines en construction seront améliorées.

Cette machine, d'origine entièrement française, offre un grand intérêt, et a présenté autant de difficultés d'invention que les métiers à tisser les plus compliqués.

La maison A. Rennes fait un chiffre d'affaires de 600,000 francs par an.

Son exportation est considérable avec le Brésil, le Chili, l'Espagne et l'Angleterre.

Elle emploie toute l'année 115 ouvriers et ouvrières, et ce chiffre est considérable si on le compare avec celui employé par les fabricants de province, lesquels n'occupent leurs ouvriers, hommes, femmes et enfants, que lorsque ceux-ci ne sont pas réclamés par les travaux agricoles; par conséquent, les produits fabriqués par eux ont un tiers moins d'importance que ceux fabriqués par les ouvriers de Paris, dont le travail est continu et l'habileté incontestable.

M. Rennes a obtenu aux Expositions nationales de 1844 et 1849 deux mentions honorables. En 1855, deux médailles, dont une à l'économie domestique, et une mention honorable à la section des machines. En 1862, à l'Exposition de Londres, une mention honorable, et en 1865, à l'Exposition de Porto, une médaille de 1re classe.

Mascré-Larsonnier, à la Boissière (Oise).

N° 75. Fabrique de brosses à dents et à ongles.

M. Mascré-Larsonnier a adopté le système mécanique appliqué depuis quelques années pour préparer et finir les brosses à ongles et à dents. Grâce à quelques perfectionnements personnels apportés par lui à l'outillage en usage dans les autres usines, il a pu concentrer sa fabrication, ce qui lui a permis de produire beaucoup sans nuire à la qualité, qu'il surveille soigneusement, et de livrer à bon marché. M. Mascré-Larsonnier travaille beaucoup pour l'exportation, et surtout pour l'Amérique.

Sylvain Boullenger, à Saint-Sulpice, près Noailles.

N° 88. Brosses à dents et à ongles.

M. Boullenger emploie dans son usine une force hydraulique de cinq chevaux faisant mouvoir trois scies circulaires, deux décoreuses, deux tours à polir et cinq machines à percer. Il emploie en hiver 100 ouvriers et ouvrières. Les travaux des champs lui enlèvent, à son grand regret, la moitié de son personnel. Il fait environ pour 80,000 francs d'affaires par an. Il a l'intention de créer une autre usine dans un centre populeux qui lui permette d'occuper un grand nombre de bras et de tripler l'importance de sa fabrication.

Legrand (A.-E.), rue des Gravilliers, 86, à Paris.

N° 58. *Brosses à barbe.*

La spécialité de M. Legrand comprend toutes les qualités de brosses à barbe, dites blaireaux, depuis le prix le plus réduit jusqu'aux produits les plus soignés. La véritable place de M. Legrand était à la classe 26, entre M. Ricard et M. Jouve-Legrand.

Cossard et Cie, rue Neuve-Bourg-l'Abbé, 10, à Paris.

N° 59. *Brosses d'os pour la toilette.*

L'observation que nous suggérait l'exposition de M. Legrand s'applique également à M. Cossard, dont les produits sont essentiellement des produits de luxe, et qui semble avoir été placé dans le groupe X, faute d'espace dans sa véritable classe.

Dupont et Deschamps, rue Neuve-Bourg-l'Abbé, 4, à Paris.

N° 56. *Brosserie; soies de porc; dominos, fiches, boutons.*

MM. Dupont et Deschamps, par l'activité avec laquelle ils ont poursuivi dans leur manufacture de Beauvais toutes les améliorations, tous les progrès dont leur paraissait susceptible la brosserie française, ont bien conquis le rang honorable qu'ils occupent dans notre industrie. Mais leurs produits restent, par leurs belles qualités

et leurs prix, plutôt le corollaire de leur exposition de
la classe 26 que des modèles conformes au programme
de la classe 91.

Dubourg (Alfred), rue du Bac, 62, à Paris.

N° 89. *Brosserie.*

M. Dubourg a mis sur sa vitrine : *Fournisseur de
l'Exposition et des écuries de l'Empereur.* Sa fabrication
est bonne, mais ne paraît pas assez tendue vers le bon
marché pour figurer utilement à la classe 91. Citons
seulement le progrès qu'il réalise par ses brosses à monture mobile dont les soies sont remplacées pour la moitié du prix d'achat.

Siméon Saignol, rue de Paris, 17, à Vincennes.

N° 66. *Brosse mécanique pour frotter les parquets.
Dressoir à bouteilles.*

Comme M. Loddé et comme M. Rennes, M. Siméon
Saignol expose à la classe 91 une brosse mécanique à
frotter. Mais son appareil, moins commode que ceux
de ses concurrents, a encore le désavantage des prix.
Une brosse à frotter, du prix de 65 ou de 50 francs, des
bâtons à cirer de 10 francs, pour compléter l'appareil,
ne peuvent constituer un progrès pratique et surtout
populaire. Les parquets cirés sont d'ailleurs aujourd'hui
le privilége exclusif de la classe aisée.

M Siméon Saignol est en outre inventeur d'un système de porte-bouteilles en fonte, se montant et se dé-

montant à volonté. La commodité de cet appareil est très-grande en cas de déplacement pour les personnes aisées qui possèdent ce que l'on appelle une cave ; mais de quelle utilité peut-il être pour les ouvriers qui vont chercher, au fur et à mesure de leurs besoins et des ressources de leurs bourses, le vin chez les marchands du voisinage?

Catoor (A.) rue de Gravilliers, 88, à Paris.

No 122. *Porte-monnaie, porte-cigares.*

Les produits de M. Catoor sont, à ce qu'il assure, de fabrication toujours égale. Travaillant beaucoup pour l'exportation, il tient à la régularité de l'exécution. Aussi, s'attache-t-il à conserver toujours les mêmes ouvriers, qui, chez lui, travaillent d'un bout de l'année à l'autre.

Lindinblith, rue Saint-Martin, 138, à Paris.

No 119. *Bourses et blagues emboutées sans couture.*

Les bourses, blagues et sacs exposés par M. Lindinblith dans la classe 91, sont en peau et sans couture. Les procédés mécaniques qu'il emploie lui permettent de découper des quantités considérables avec rapidité et d'emboutir les peaux toutes doublées par une seule opération. Une machine conduite par une seule personne peut produire jusqu'à quatre grosses par jour. Les fermoirs sont adaptés par une opération du même genre, aussi rapide et aussi économique. C'est également par ce système que sont fabriquées les bottines, souliers, gilets, etc., que M. Lindinblith expose à la classe 94.

S. Hagen, rue Albouy, 6.

N° 121. *Porte-monnaie et gibecières pour dames.*

M. Hagen livre au petit commerce de Paris une qualité de marchandise à très-bas prix qu'il a su maintenir toujours la même, très-régulièrement fabriquée et par suite toujours redemandée par sa clientèle. Il fait 4 à 500,000 francs d'affaires par an dans cette spécialité de bourses en peaux et de gibecières, etc. Il occupe de 60 à 70 ouvriers à demeure et de 200 à 250 au dehors. Nous avons remarqué chez lui une machine brevetée pour confectionner les fermoirs.

J. Schoenfeld, rue Meslay, 61.

N° 120. *Bourses de peaux, étuis à cigares, blagues à tabac en caoutchouc.*

Les blagues en caoutchouc vulcanisé avec fermoir breveté de l'invention de M. Schoenfeld forment sa spécialité la plus courante. Il fabrique également des bourses, des sacs, des étuis à cigares auxquels il adapte ses fermoirs spéciaux, qui se recommandent par leur élégance et leur solidité, car ils ne peuvent s'ouvrir par mégarde, et l'usage le plus long ne fatigue ni ne détériore le ressort.

Chandellier (Jean-Baptiste), 20, rue des Gravilliers, à Paris.

Nº 126. *Pince-nez et lorgnons.*

M. Chandellier expose l'armature en buffle, en corne
et en écaille des pince-nez et lorgnons. Le fini de ses
modèles divers est remarquable non moins que la modération des prix. Il nous suffira de dire que ses pince-
nez sont marqués depuis 7 francs la douzaine jusqu'à
46 francs la douzaine. Mais le prix de ces pince-nez peut-
être sensiblement modifié par l'opticien qui les monte
avant qu'ils n'arrivent à l'acheteur, et nous craignons que
cette considération n'atténue beaucoup l'importance des
progrès obtenus par M. Chandellier dans sa fabrication.

Mennesson (Constance), passage Bourg-l'Abbé, 7,
à Paris.

Nº 39. *Soufflets et balais de luxe et ordinaires.*

La fabrication de soufflets de Mlle Mennesson s'attache
d'une façon toute particulière aux produits de luxe ou
du moins de confortable sérieux. C'est donc beaucoup
plutôt à la classe 20 que ses produits devraient être exposés, et elle en convient elle-même en constatant que
le programme de la classe 91 où se trouve sa vitrine
ne lui a même pas été expliqué.

Figeac et Druau, rue de la Roquette, 13. Paris.

N° 41. *Soufflets et balais.*

La maison Figeac et Druau, ancienne maison Maigne, date de 1780. Elle occupe de 50 à 60 ouvriers, et a toujours en magasin environ 75,000 soufflets assortis.

Un aperçu de ses prix en dira plus que de longues observations :

		fr.	c.	fr.	c.
Soufflets de cuisine . . . . de		»	40 à	1	»
— pour plombiers, ferblantiers, zingueurs . . . . de		2	50 à	8	»
— pour bouchers et pour ballons . . . . de		4	» à	35	»
— pour insectes . . . . , . . de		»	25 à	1	»
— pour la vigne . . . . de		1	» à	2	50
— pour forgerons . . . . . . de		10	» à	300	»
Soufflets de forge économiques. . . de		25	» à	300	»

— d'appartements et balai, la garniture de 2 fr. 50 c. en bois vernis à 300 francs en bois sculpté.

Raimond, rue du Faubourg-Saint-Martin, 59, à Paris.

N° 183. *Huiliers, porte-liqueurs et caves à liqueurs.*

Les caves à liqueurs sont un produit de luxe, on ne saurait le nier. Nous nous occupons ici des objets de première nécessité pour l'homme qui regardera et qui est forcé de regarder à 10 centimes employés mal à propos. S'il y a dans la classe ouvrière des familles où l'on commence à se permettre le degré de confortable que comporte l'acquisition d'une cave à liqueurs, nous les en félicitons, parce qu'elles ne seront assurément arrivées là qu'à force d'économie, de travail et de privations, mais pour le moment nous ne nous occupons que d'améliorer la situation de celles qui en sont encore aux privations. C'est là le vrai programme de la classe 91. On comprendra donc que nous renvoyions M. Raimond à la classe 26, où figureraient beaucoup mieux ses produits, d'ailleurs remarquables.

Bondier, Donninger et Ulbrich, rue de la Verrerie, 38.

N° 117. *Pipes en racine de bruyère.*

Nous ne pouvons en aucune façon nous rendre compte de la présence de MM. Bondier, Donninger et Ulbrich dans la classe 91. Ces messieurs, qui figurent déjà dans la classe 26, fabriquent, de leur aveu même, « la pipe de luxe. » Leur maison, fondée en 1836, est la plus ancienne et la plus importante de celles qui ont introduit en France la fabrication de la pipe de luxe en racine de bruyère. Nous n'en saurions disconvenir et nous reconnaissons tous leurs mérites. Mais nous avons beau constater qu'ils occupent 46 ouvriers qui gagnent l'un dans l'autre de 5 à 10 francs par jour, que le chiffre de leurs affaires s'élève à 500,000 francs, qu'en 1855 ils ont obtenu une médaille de 1re classe, qu'on leur a décerné le prize-medal à Londres en 1862, tout en leur souhaitant les succès qu'ils méritent dans la classe 26, nous ne devons pas oublier qu'il n'y a rien d'utile, rien qui tende à améliorer la situation de la classe ouvrière dans la fabrication de pipes en racine de bruyère, si remarquablement sculptées qu'elles soient. C'est là une industrie exclusivement de luxe qui n'a rien à faire dans le groupe X.

Delestre (J.-V.), quai Conti, 5.

N° 150. *Piéges à mouches, en verre et en cristal.*

M. Delestre, ancien chirurgien-dentiste des maisons de Saint-Denis, d'Écouen et de la maison Eugène Napoléon, avait été frappé de l'inefficacité des moyens employés pour détruire les mouches. Pendant plusieurs années il étudia divers procédés toxicologiques et reconnut que tous ces poisons avaient de graves inconvénients. Aucun ne tuait la mouche instantanément, elle allait tomber ailleurs, le plus souvent dans les aliments, etc. Enfin, en observant les habitudes et les allures des mouches, M. Delestre trouva un procédé qui, selon lui, doit résoudre le problème. Il avait remarqué que les mouches, une fois repues de la substance que l'on met pour les attirer, prennent leur vol en montant. Il fit donc construire le petit appareil en cristal qu'il expose. Cet appareil est ainsi composé de trois pièces : une soucoupe où l'on place un peu de miel rosat ; sur cette soucoupe le corps de l'appareil formant cloche, les laissant entrer par les dentelures du bas et les invitant à monter par un entonnoir qui les conduit dans la partie supérieure, remplie d'eau, où elles finissent par se noyer, après avoir fait de vains efforts pour sortir; enfin le couvercle en cristal qui permet de vider et de nettoyer facilement l'appareil. Le plus grand avantage réalisé par ce piége à mouches, c'est d'éviter à l'avenir qu'on se serve des différents poisons en usage qui étaient toujours cause de graves accidents. Le prix de 3 francs et de 5 francs nous semble un peu trop élevé et M. Delestre fera sagement de baisser son tarif s'il veut véritablement populariser cet engin de destruction.

Pauliat, à Beynat (Corrèze).

N° 53. *Vannerie, cabas en paille et paillassons.*

M. Pauliat a rendu un grand service aux populations de la Corrèze en donnant de grandes proportions à son commerce de vannerie. Il a puissamment contribué à rendre moins dure la misère qui règne dans ces pauvres communes. Les hommes et les femmes âgés et infirmes, les enfants en gardant leurs troupeaux ou pendant les longues veillées d'hiver, s'occupent à tresser les pailles qui, dans les ateliers de M. Pauliat, vont ensuite prendre la forme d'un cabas, d'un tapis ou d'un chapeau.

Ces cabas surtout, par le succès général qu'ils ont obtenu, ont permis à M. Pauliat d'augmenter le nombre de ses travailleurs. Plus léger, moins cassants et par conséquent plus solides et moins chers que les paniers en osier, ils leur sont préférés presque partout. M. Pauliat dans les renseignements par lui fournis, déclare occuper dans trente communes différentes 12,000 personnes à la confection de ses tresses de paille, et c'est surtout dans la partie la plus montagneuse et la plus aride du département de la Corrèze, où la qualité et les accidents du sol rendent l'agriculture presque impossible, que la nouvelle industrie créée par M. Pauliat a servi d'une façon bien efficace à soulager de cruelles misères.

A.-J. Barbotte, rue du Temple, 38.

N° 50. *Corbeilles et paniers en osier et autres matières.*

C'est M. Barbotte qui appliqua le premier le rotin filé à la fabrication du panier utile. A sa fabrique d'Euglencourt (Aisne) il occupe 100 ouvriers. Chez lui le travail est divisé par spécialité. Un ouvrier fait uniquement les fonds de panier, un autre les couvercles, celui-ci le corps, celui-là les anses. L'agencement du tout est réservé aux plus habiles. Puis viennent les opérations de la teinture qui constituent encore une spécialité. Le vernissage est fait par des femmes. Cette méthode en donnant une grande habileté à chacun, permet une grande perfection dans le résultat. M. Barbotte est breveté depuis quinze ans pour une couleur de son invention. Il affirme donner aux mêmes prix que ses concurrents des qualités supérieures.

Dubrusle, rue Le Peletier, 29.

N° 52. *Appareil dit enveloppe-bouteilles en jonc et en paille.*

L'industrie de M. Dubrusle date de 1856. Elle a répondu assurément à un besoin et réalisé un progrès.

Mais elle représente une industrie de luxe. L'emballage perfectionné de vins fins importe peu à la classe populaire, et nous serions tenté de renvoyer cette spécialité purement et simplement à la classe 26, dont elle dépend, si l'extension donnée au commerce des enveloppe-bouteilles n'avait un côté humanitaire plus direct. En effet, cette fabrication a offert un nouveau débouché de travail à des femmes et à des enfants dans certaines contrées peu fortunées et a soulagé un assez grand nombre de petits cultivateurs riverains en donnant une valeur à des joncs dont auparavant on ne pouvait tirer aucun profit.

« Depuis que le commerce s'habitue à substituer les caisses aux barriques pour ses expéditions de vins, d'alcools et d'autres liquides, il fait une énorme consommation de bouteilles. Or, la nature fragile du vase et la facilité avec laquelle les bouchons s'imprègnent d'humidité pendant les voyages de long cours, forcent les expéditeurs de protéger le verre contre la casse et les bouchons contre l'humidité de la cale par de grosses enveloppes de paille et de papier. Mais outre l'inconvénient d'exiger des frais assez élevés de main-d'œuvre, ce mode d'emballage a encore celui de tenir beaucoup de place dans le navire, et, par conséquent d'augmenter le prix du fret par l'augmentation des dimensions de chaque caisse. De tout temps on a cherché un procédé plus expéditif et plus économique ; les propriétaires des grands vignobles de la Champagne avaient même proposé des prix pour une invention de ce genre. » L'appareil de M. Dubrusle est venu résoudre le problème. « Fabriquées au moyen d'un métier mécanique, ces enveloppes sont en joncs de marais et calibrées à volonté suivant la forme et les dimensions du vase. La paille et toutes les espèces de roseaux et de filaments peuvent être utilisées avec avantage par ce métier. Les bouteilles sont si bien protégées que, jetées de hauteur d'homme sur le pavé, elles ne se brisent pas et elles font tellement corps avec l'enveloppe, qu'elles n'occupent guère plus de place que si elles étaient mises à nu dans les caisses. »

Par ce procédé, 40 caisses de 12 bouteilles tiennent dans un espace de $1^m,44$. Par l'ancien emballage, 27 caisses de 12 bouteilles remplissaient complétement le même espace. En calculant le fret à 120 francs, prix fixé pour San Francisco, le bénéfice est de 19 fr. 50 c. par tonneau. Chaque enveloppe coûte 5 centimes et peut servir plusieurs fois. On comprend l'importance que peut prendre une pareille industrie quand on pense que la production de la France est de 100 millions de bouteilles par an.

M. Dubrusle livre déjà plus de 10 millions d'enveloppes par année. Il a obtenu plusieurs médailles à Dijon, à Beaune, à Bordeaux.

Claude David, rue Lebouteux, 14, à Paris.

> N° 51. *Enveloppes pour l'emballage des bouteilles devant les garantir de la casse.*

L'exploitation de M. Claude David et celle de M. Dubrusle sont identiques, le but et les moyens sont les mêmes, et jusqu'aux prix des produits qui varie pour

les enveloppes de 30 à 50 francs le mille, nous retrou-
vons une analogie frappante chez les deux concurrents.
On nous dit qu'un procès engagé entre eux doit décider
de quel côté la concurrence ressemblerait à une contre-
façon. Nous n'avons, pour notre part, qu'à constater
dans les produits de M. David tous les avantages que
nous avions reconnus aux produits de M. Dubrusle.

CLASSE 34.

Acceſſoires du vêtement : Éventails.

M. Ernest Odent.

Ernest Odent, à la Boissière (Oise).

№ 83. *Éventails ordinaires.*

Nous nous voyons trop souvent forcés sur notre route
de nous arrêter devant certains produits abusivement
classés dans le groupe X. Assurément la fabrication des
éventails est une industrie de luxe; mais, cette réserve
une fois faite, nous ne voulons pas manquer de louer la
facture soignée de ceux qu'expose M. E. Odent dans
l'exposition collective de la Boissière. Il a choisi parmi
ses produits ceux qui lui ont semblé par leur bon mar-

ché se prêter le mieux à la place qu'on lui accordait; mais si bon marché que soit un éventail, c'est un objet de luxe, c'est une superfluité pour la femme d'un ouvrier, et nous devons non point tendre à favoriser les goûts d'un faux confortable dans la classe nécessiteuse, mais bien travailler à améliorer sérieusement, utilement sa situation comme habitation, vêtements, nourriture et outillage. C'est là le principal. Le superflu est une tentation qui n'a nul besoin d'encouragement. D'ailleurs, des éventails à 50, 70, 140 et 170 francs (et ce sont là ses produits bon marché), sont essentiellement du ressort de la classe 34.

CLASSE 39.

Bimbeloterie : Jeux.

MM. Chapuis.
Bachoud-Caillat.

Chapuis, rue Réaumur, 14, à Paris.

N° 65. *Dominos et dés d'os et d'ivoire.*

La bimbeloterie de M. Chapuis répond à ce besoin de distraction que le travailleur doit satisfaire comme le besoin de repos. Ses dominos et ses dés, fort bien exécutés, ont atteint la dernière limite du bon marché. Nous avons remarqué des dés à 3 fr. 25 c. le cent, et des dominos qu'il vend par douzaine de boîtes, 5 francs, 6 fr. 75 c., 10 francs, 26 francs et 36 francs. Ainsi, pour 75 centimes ou 1 franc, au détail, l'ouvrier peut se procurer pour ses soirées du dimanche, une boîte de dominos qui lui permettra de se distraire honnêtement en famille. Cette fabrication à prix réduits permet également aux petits marchands forains de vendre avec un gain raisonnable ce produit de facile défaite.

Bachoud-Caillat, à Nantua (Ain).

N° 69. *Jeux de loto.*

M. Bachoud-Caillat s'est fait une importante situation dans l'industrie du tournage en bois. Il a perfectionne lui-même l'ancien outillage usité et obtenu ainsi un grand écoulement de ses marchandises. Son chiffre d'affaires atteint annuellement une moyenne de 140,000 fr. Il dirige trois usines, l'une aux Neyrelles-lez-Nantua, la seconde à Coiselet et la troisième à Sonthonnax, près de Lons-le-Saulnier. Il occupe 185 ouvriers.

CLASSE 40.

Métaux ouvrés. Fonte. Ferblanterie. Chau-
dronnerie.

Quincaillerie. Articles de cuifine. Couverts en
fer battu.

Tôlerie. Tréfilerie, etc.

MM. Boucher et Cie.
    Pajot et Cie.
    Chavagnat.
    Gruin.
    Hirbec Jne.
    Japy frères et Cie.
    Poncin-Léonard.
    Lafond.
    Corlieu.
    La Ménagère.
    Huard et Cie.
    Gleize.
    Regniaud.
    Lesent.
    Trottier.
    Raparlier.
    Pauwels.
    Lang.
    Dagand.
    Jouvensel.

Mathez.

Millerot et Cie.

Mme Ve Louis Jacquinot.

MM. Langlois.

Machard.

Depeyre.

Peltier.

Chapiseau.

Bohin.

Flamm et Ce.

Sargent et Cie.

Chauvel.

Montcourt.

Foin.

Lesec.

Mme Gouttebaron.

Boucher (E.) et Cie, à Fumay (Ardennes).

N° 24. *Articles de ménage en métal.*

M. Boucher, dans son usine de Pied-Selle, approprie la fonte à tous les usages ménagers. Sa fabrication est remarquable, mais ses prix ne nous paraissent pas suffisamment réduits pour que ses marmites en fonte à 3 fr. 15 c., par exemple, entrent dans les habitudes de la classe ouvrière. Il expose en outre des casseroles à 3 fr. 85 c., des chaufferettes en tôle à 2 fr. 25 c., 3 francs, 3 fr. 50 c. et 4 fr. 50 c.; des réchauds parisiens depuis 1 fr. 45 c. Les perfectionnements apportés par M. Boucher dans le travail de la fonte et dans son application aux ustensiles de ménage

lui ont valu de nombreuses médailles et nous ne doutons
pas qu'il n'arrive très-rapidement aux résultats économiques les plus méritoires.

Pajot (Charles) **et Cᴵᵉ**, à Vandonnay (Orne).

N° 30. — *Article en fonte pour ménage.*

L'exposition de **M.** Pajot atteste une fabrication très-
habile. Mais l'absence de toute indication de prix ne
nous permet pas d'établir une comparaison entre ses
produits et ceux de ses concurrents.

Chavagnat (Michel), rue des Fontaines-du-Tem-
ple, 7, à Paris.

N° 179. *Articles de ménage en fer-blanc, zinc, cuivre,
tôles vernies ; lanternes.*

M. Chavagnat expose à la classe 40 et à la classe 91.
Il a de plus placé certains de ses produits utiles et bon
marché à la maison des ouvriers de Paris dans le parc
ainsi qu'à la maison ouvrière de la Compagnie anonyme
des forges de Châtillon et de Commentry. Dans son
usine à vapeur du boulevard de Charonne, M. Chavagnat fabrique tous les ustensiles de ménage en fer-blanc
brut, en fer-blanc poli, en zinc brut, zinc verni inalté-
rable, en tôle et en cuivre poli, des mesures à vin, des
mesures à huile et à lait, et enfin des lanternes de toute
espèce. M. Chavagnat nous paraît laisser bien loin derrière lui tous ses concurrents par la qualité de ses produits, par leur utilité incontestable et le bon marché

excessif de ses prix de vente. Nous ne pouvons le faire mieux comprendre de nos lecteurs qu'en reproduisant ici les prix des principaux objets exposés par M. Chavagnat.

Nous avons remarqué des bidons à huile à 80 centimes, des passoires, des filtres, des brocs à 2 francs, des arrosoirs à 1 fr. 65 c., des mesures à huile (la série des sept mesures du litre au centilitre) 1 fr. 10 c., des mesures à vin, la série, 4 francs; des lanternes de jardin à 30 centimes, des lanternes de voiture très-bien conditionnées depuis 62 centimes et demi jusqu'à 4 fr. 50 c. Une fontaine à baril de capacité suffisante, proprement peinte et vernie, à 3 francs, l'emportant de beaucoup sur tous les produits similaires de la classe 91.

Paul Gruin, 20, rue Louis-Philippe, à Paris.

N° 180. *Ferblanterie.*

M. P. Gruin réclame vivement contre la place qu'on lui a assignée dans la classe 91. Sa fabrication très-solide ne vise pas au bon marché, et ses produits, peu faits pour les petits acheteurs, ne doivent pas être rangés dans la catégorie des industries populaires. Il travaille spécialement pour les charcutiers et les épiciers, ou pour les gros détaillants, comme la maison Allez. Nous citerons parmi les produits de très-bonne fabrication que nous avons examinés chez lui : des étuves pour charcutiers, à 51 francs, en fer-blanc; à 180 francs, en maillechort; des filtres pour crémiers, d'une contenance de 12 litres, pour 25 francs; des balances, des boîtes à café en cuivre, des bidons, des pompes à soutirer, des bassines à huile. M. Gruin a en magasin pour plus de 60,000 francs de marchandises. Sa véritable place serait dans la classe 40, où il figurerait très-honorablement à côté de ses confrères. Nous avons remarqué aussi certains articles à bon marché, tels que des seaux et des baquets en fer-blanc, hors de toute comparaison par la consistance et l'épaisseur du métal. M. Gruin livre dans cette spécialité, au même prix que ses collègues, une qualité infiniment supérieure ; mais, pour obtenir ce résultat, il se contente d'un bénéfice si minime, qu'il ne pourrait se renfermer, sans compromettre ses intérêts, dans ce genre de production exclusive.

Hirbec j^{ne}, rue Saint-Maur, 63, à Paris.

N°s 123 et 145. *Objets de ménage en toiles métalliques.*

M. Hirbec jeune serait beaucoup mieux placé dans la classe 40 et dans la classe 24 qu'au groupe X. Sa spécialité le tourne vers les produits de luxe. Les toiles métalliques ne peuvent être d'un usage commun, et il ne suffit pas qu'il réalise un progrès sur ses concurrents et que ses prix soient plus bas que les leurs pour que les objets qu'il fabrique deviennent tout à coup populaires et de première nécessité. Non. Il est certain que le garde-feu cintré qu'il expose et qui est marqué 75 francs est d'un travail excessivement remarquable, mais il sera le premier à convenir qu'il ne cherchait pas en le produisant à satisfaire aux besoins des ménages d'ouvriers. De même pour ses autres garde-feu, que les feuilles s'en payent 25 ou 15 francs, de même pour le seau à charbon à 18 francs qu'il expose au n° 145, et pour les masques de bal en toile métallique à 17 francs la douzaine, qui, s'ils ne sont pas d'un prix élevé, ne sont pas d'une utilité qui mérite une recommandation.

Japy frères et Cie, de Beaucourt (Haut-Rhin).

N° 27. *Articles de ménage; horlogerie.*

L'exposition de MM. Japy embrasse une quantité considérable d'objets qui sont assurément de fabrication commune, mais qui ne nous semblent pas en rapport de prix avec leur qualité. La classe 91 contient pour ces diverses spécialités des produits assurément plus soignés et moins élevés comme prix. Nous prendrons pour exemple la fontaine à baril que MM. Japy marquent 9 francs et qui toute aussi grande et aussi solide, ne coûte que 3 francs dans la maison Chavagnat. Nous en dirions autant des couverts en fer battu, qui ne nous paraissent par pouvoir subir la comparaison. MM. Japy frères exposent en outre de massives et lourdes horloges en fonte à 7 fr. 50 c. Certes, une pendule à ce prix n'est pas inabordable pour le paysan, mais nous lui préférons incontestablement, comme propreté, comme élégance et peut être comme exactitude, l'antique coucou traditionnel que l'on peut trouver pour 4 et 5 francs, de petite taille, mais de bonne qualité.

Poncin-Léonard, à Gironne (Ardennes).

Nº 114. *Articles de ménage.*

La case affectée à M. Poncin contient pêle-mêle des bêches, des poêles à frire, des pioches, etc., le tout sans aucune indication de prix.

Lafond, rue de la Nation, 6, à Paris-Montmartre.

Nº 124. — *Fers à repasser et poignées.*

Même observation que pour le précédent. L'absence complète de toute indication ne nous permet pas d'exprimer une opinion sur l'exposition de M. Lafond.

Corlieu (E.-V.), place Baudoyer, 2, à Paris.

Nº 176. *Grosse et petite poterie d'étain.*

Les observations que nous avons faites au sujet de M. Rousseville (voir cl. 21) s'appliquent également à M. Corlieu. Nous comprenons qu'il puisse trouver une clientèle dans les hôpitaux, comme la maison Eugène Napoléon, dans les communautés religieuses, mais alors c'est à la classe 40 qu'il aurait dû prendre place. Aucun de ses produits n'est susceptible, par son utilité immédiate et par son bon marché, de devenir vraiment populaire.

Société du Palais Bonne-Nouvelle, boulevard Bonne-Nouvelle, 20, à Paris.

N° 32. *Quincaillerie de ménage et articles pour jardins.*

La Ménagère, il faut bien l'appeler par son nom, a fait de l'emplacement qui lui était cédé dans la classe 91 un petit bazar où s'accumulent et s'enchevêtrent les objets les plus divers. Le bon marché en est fort contestable, et la raison en est simple. Agence centralisatrice de produits qu'elle ne fabrique point, cette société peut bien, en sacrifiant sur son bénéfice, faire profiter le public d'une partie de la remise qui lui est faite par le fabricant, mais elle ne peut dans aucun cas vendre à aussi bas prix que les producteurs. Certes, ce grand bazar a rendu des services à la classe aisée parisienne. La multiplicité des modèles et des spécialités qu'on trouve réunis dans un même local est la source d'une notable économie de temps, mais nous ne pouvons reconnaître à cette grande agence entrepositaire le caractère sérieux du bon marché joint à l'utile qui est toujours l'objectif principal de la classe 91. Du reste, ses représentants l'ont si bien compris qu'ils ont simplement saisi l'occasion d'exposer certains produits sans se préoccuper autrement des conditions du concours qui s'ouvrait. C'est ainsi que nous avons pu voir exposée une rôtisserie fort compliquée, très ingénieuse sans doute, mais marquée 1,000 fr., une pendule de 115 francs, des garnitures de cheminées de luxe. Enfin, parmi les produits qui ont pu nous permettre une comparaison avec des produits similaires de notre classe, nous avons été frappé de trouver dans l'exposition de la Ménagère, cotée 10 fr. 50 c., une fontaine à baril, infiniment plus petite, sans être mieux fabriquée, que celle que M. Chavagnat, à trois pas plus loin, affiche au prix de 3 francs.

Huard et Cie, quai de Javel, 15, à Paris.

N° 173. *Chaudronnerie et batterie de cuisine en cuivre.*

La fabrication des articles de batterie de cuisine s'était toujours faite au marteau avant M. Huard, et l'on comprend que la longueur du travail, la nécessité d'un long apprentissage pour l'ouvrier maintenaient la main-d'œuvre à un prix très-élevé qui influait considérablement sur les prix de vente et entravait les progrès de cette industrie.

Grâce à **M.** Huard, une transformation complète s'est opérée dans cette fabrication.

Voici les procédés mécaniques employés dans son usine :

Le cuivre arrive en planches. Il est découpé en ronds d'un diamètre et d'une épaisseur rigoureusement proportionnés aux dimensions de la pièce que l'on veut obtenir.

Ces ronds de cuivre sont emboutis à l'aide de fortes presses hydrauliques. Deux passes suffisent pour amener la hausse à la moitié de la hauteur qu'elle doit avoir définitivement. Cette casserole est alors emboîtée sur un mandrin et deux molettes en acier, agissant simultanément en sens inverse sur le mandrin auquel un tour à vapeur communique un rapide mouvement de rotation, exercent sur le corps de cette casserole une pression énorme, conduite à volonté par l'ouvrier, de bas en haut, et réitérée, de façon à produire un étirage instantané d'une grande régularité.

Ces molettes d'étirage laissent forcément des traces de leur passage et de leur action sur les parois du cuivre ; mais d'autres molettes spéciales polissent et planent parfaitement la hausse et la carre et écrouissent le fond, auquel elles donnent une grande raideur tout en le laissant très-droit, ce que l'on obtient difficilement avec le marteau.

M. Huard nous a facilement démontré que ces opérations, qui donnent une grande légèreté à ses produits, n'en compromettent nullement la solidité. En effet, l'opération de l'étirage donne à la hausse sa hauteur définitive sans toucher au fond ; l'ouvrier est complétement le maître de l'action de ses molettes ; il en diminue la pression à son gré, et peut, de cette façon, comme nous l'avons vu faire dix fois sous nos yeux, distribuer l'épaisseur de la hausse de la manière la plus conforme à la bonne confection de l'objet travaillé. La feuille de cuivre qui forme la casserole conserve donc toute son épaisseur primitive dans la partie qui forme le fond, à la naissance de la carre, et à la partie supérieure de la hausse ; ce n'est que la partie intermédiaire qui se trouve amincie et qui d'ailleurs peut l'être sans aucun inconvénient. En effet, les parties exposées à l'action du feu sont d'une solidité à toute épreuve.

Les produits de M. Huard se recommandent donc à la fois :

« Par leur élégance et une régularité parfaite dans la forme, dit-il avec raison ;

» Par la scrupuleuse exactitude des dimensions et l'invariabilité du poids qui reste toujours le même pour les pièces de la même grandeur et de la même catégorie ;

» Par leur remarquable légèreté et leur solidité, incontestablement de beaucoup supérieure à ceux des produits analogues fabriqués à l'aide du marteau. »

Ce résultat lui permet de faire *bénéficier le consommateur* d'une différence de prix considérable.

Gleize (S.), rue des Moineaux, 8, à Paris.

N° 174. *Chaudronnerie de cuisine.*

La fabrication de M. Gleize n'est pas tendue vers le bon marché, mais particulièrement vers la solidité. Aussi regrette-t-il de figurer à la classe 91, où il sent bien qu'il n'apporte pas les progrès populaires qu'on y recherche, et se réclame-t-il de la section de la classe 40 qui concerne la chaudronnerie.

Regniaud (Jacques), rue Sainte-Foy, 6, à Paris.

N° 172. *Batterie de cuisine.*

Les cuivres exposés par M. Regniaud n'ont pas le caractère exceptionnel de bon marché qui doit donner accès dans notre groupe utilitaire. La fabrication en est fort soignée, les prix élevés, et à ce titre ces produits seraient mieux placés dans la classe 40.

Lesent (Ch.), 11, rue du Grand-Saint-Michel.

N° 25. *Chaudronnerie.*

M. Lesent expose un lavabo en tôle ouvrée à 6, 10 et 12 places. Ce meuble, destiné aux établissements où la toilette en commun est d'usage forcé, ne peut être regardé comme réalisant un progrès sur ce que l'ébénisterie fait en ce genre, et les prix, qui varient de 400 à 700 francs, ne nous semblent pas constituer une amélioration suffisante au point de vue économique. Quant au mérite du travail de chaudronnerie, nous n'avons pas à insister sur ce chapitre, parce que nous tenons à ne pas sortir du cadre d'utilité économique que nous nous sommes imposé dans l'examen des produits de la classe 91.

Trottier (M.-C.), rue de Vaugirard, 150, à Paris.

N° 135. *Moules de pâtissiers.*

Toujours la même observation. Les produits de M. Trottier sont remarquables, mais les moules à pâtisserie ne sont pas à leur place dans la classe 91. Comme travail de chaudronnerie, cette exposition a sans doute une valeur incontestable, mais elle ne porte pas en elle à un degré suffisant les qualités d'utilité et d'économie qui sont les principes primordiaux du groupe X.

Raparlier (E.), rue Saint-Martin, 246, à Paris.

N° 168. *Cafetières de différents genres.*

Les cafetières de M. Raparlier sont très-connues des petits ménages. Elles permettent de faire sur la table, soi-même, un café excellent. Mais ce sont encore là des appareils qui, non-seulement par leur prix de revient (4 fr. 30 c.—7 fr. 50 c.—8 fr. 50 c.), mais aussi par la consommation d'esprit de vin qu'ils exigent, ne sont pas à la portée de la classe ouvrière pour laquelle d'ailleurs le café noir après les repas est encore un luxe trop grand.

Pauwels (Th.) et fils, rue Saint-Sébastien, 36, à Paris.

> N° 171. *Théières; moulins à café ; ventilateurs pour le soufrage et la fumigation des plantes.*

MM. Pauwels, qui affirment le bon marché de leurs produits, ont le tort de faire figurer dans leur exposition de la classe 91 des objets qui ne s'adressent pas aux classes laborieuses. Des samovars à 150 francs, quand même ils réaliseraient un bon marché sur d'autres samovars cotés 200 francs par des concurrents, ne répondent pas au but que l'on s'est proposé par la création du groupe X. Nous en dirons autant de la nouvelle chaufferette de voyage, qui est certes très-ingénieuse, peut rendre de vrais services aux gens aisés, est évidemment fort économique si elle ne dépense en réalité que 5 centimes de combustible en quatorze heures, mais n'a pas d'intérêt direct pour nous. Quant au ventilateur sulfurateur et au fumigateur pour la destruction des insectes dans les arbres, les serres, etc., nous n'avons pas à les apprécier, ces appareils ressortissant d'une manière toute spéciale du matériel horticole.

Lang, à Montreuil-sous-Bois.

N° 170. Cafetières et lampes à esprit de vin, nouveau système; ferblanterie polie.

Tout d'abord nous sommes forcés de faire une réserve à propos du système de réchaud présenté par **M. Lang** comme économique. Ces réchauds emploient la lampe à esprit de vin comme combustible, et le prix de l'esprit de vin ne peut permettre l'usage de ces réchauds et cafetières qu'à la classe aisée. L'ouvrier ne pourrait d'ailleurs dépenser les 3 ou 4 francs d'acquisition d'un réchaud qui ne peut répondre qu'aux besoins culinaires d'une seule personne. Cette réserve faite, l'appareil de M. Lang nous paraît très-intelligemment combiné pour forcer la flamme sans consommer une très-grande quantité de liquide. Le réchaud ressemble, comme disposition, à tout ce qui s'est fait jusqu'à ce jour; la modification consiste dans le bec particulier que M. Lang adapte à sa lampe. Ce bec est un tube percé à sa partie supérieure de plusieurs petits trous circulaires; une mèche ronde, placée dans le tube, est en communication avec l'esprit de vin et établit à travers les trous du couronnement, un panache circulaire de flammes très-vives, tandis qu'une autre mèche extérieure qui emboîte le bec comme toutes les mèches de lampe, projette une flamme verticale qui, se mêlant aux langues qui jaillissent du haut du bec, donne une grande puissance et une grande rapidité de calorique à l'appareil. En moins de trois minutes on obtient de l'eau bouillante. M. Lang vend ses réchauds 3 fr. 50 c. et 4 fr. 50 c. Sa fabrication est très-soignée et les accessoires, casseroles, théières, cafetières, ont un fort bon aspect et sont d'un prix raisonnable.

Dagand, rue Montorgueil, 23.

N° 169. *Cafetières, etc.*

Les cafetières de M. Dagand, quelque bien combinées et quelque utiles qu'elles soient, nous paraissent plutôt destinées à rendre des services économiques aux grands établissements qu'aux familles d'ouvriers. Son n° 1 lui-même n'est pas d'un prix abordable pour la classe laborieuse dont nous nous occupons ici tout spécialement. Pour dépenser 14 ou 20 francs à l'achat d'une cafetière, quelque économique qu'elle soit, il faut déjà être en position de se donner un certain superflu.

Mais nous nous plaisons à constater que les grands établissements, cafés-restaurants, hôtels, institutions, etc., peuvent trouver d'indiscutables avantages à se servir des appareils de M. Dagand, cafetières, bains-marie, etc., dont la véritable place était à la classe 40.

L'emploi de la cafetière Dagand dans les régiments de la garde impériale permet de donner un quart de litre de café tout sucré aux soldats, à raison de 5 centimes, tous frais compris, jusqu'au combustible et à l'entretien de la cafetière.

Jouvensel (C.), rue Popincourt, 102, à Paris.

N° 167. *Articles de ménage et de table en cuivre bronzé ou poli.*

C'est à la classe 40 que devrait figurer M. Jouvensel.

Ses théières, ses réchauds, ses samovars, appartiennent à des spécialités toutes de luxe, et ne peuvent être recherchés que par la classe aisée.

Mathez (Désiré), à Fontenoy-le-Château (Vosges).

N° 198. *Couverts en fer battu étamé.*

L'industrie des couverts en fer battu fut créée dans les Vosges, à la fin du XVIIIe siècle, par l'arrière grand-père de M. Mathez. Son usine est donc la plus ancienne de celles qui représentent cette fabrication. Tout d'abord on se servait de fers en barre de première qualité. Le père de M. Désiré Mathez imagina, le premier, de découper ses couverts dans des feuilles de tôle, et il employa pour ce découpage des cisailles mues par une machine hydraulique. Les produits de la fabrique Mathez, qui dans l'origine ne trouvaient à s'écouler que dans les départements limitrophes, furent bientôt demandés par toute la France. A Darney, à Fontenoy, à Droiteval, de nouvelles usines s'établirent pour cette exploitation. On en compta bientôt jusqu'à vingt-cinq sur le territoire de ces trois communes. Les Allemands, longtemps tributaires des Vosges pour le commerce des couverts en fer battu, s'essayèrent à cette fabrication. Aussi, pour lutter avantageusement contre la concurrence étrangère, MM. Mathez, père et fils, comprirent-ils la nécessité d'apporter de grandes réformes dans leur industrie. On employa des fers moins coûteux, on remplaça le travail manuel, lent et cher, par un outillage mécanique, et de toute cette transformation sortit une baisse de 40 0/0 sur les prix d'il y a vingt ans. Depuis que **M.** Désiré Mathez est à la tête de son usine, il s'est attaché à perfectionner les procédés mécaniques déjà en usage, et à en inventer de nouveaux. En 1861 il prenait un brevet pour une machine à planer, en 1864 pour l'étirage à froid etc. Les moyens mécaniques qu'il emploie actuellement sont les cisailles et les balanciers à découper, la machine à étirer les extrémités du couvert, la machine à arrondir les dents des fourchettes, cylindre à laminer, mouton à emboutir etc., le tout mis en mouvement par deux roues hydrauliques et une machine à vapeur. Comme matières premières, combustibles etc., il accuse annuellement les chiffres de consommation suivant : 300,000 kil. de tôle, 7.000 kil. étain banca Batavia, 4,000 kil. suif fondu, 24,000 kil. acide sulfurique, 50,000 kil. charbon de terre, 100 mètres cubes de charbon de bois. La main-d'œuvre représente une dépense de 50,000 francs par an (**M.** Mathez occupe 90 ouvriers) ; enfin le chiffre moyen de ses affaires tant en France qu'à l'étranger s'élève à 260,000 francs.

Adolphe Millerot et Cie**,** à Fontenoy-le-Château (Vosges).

N° 193. *Couverts en fer battu étamé.*

La Maison Millerot date de 1820. Elle est aujourd'hui l'une des plus importantes des Vosges et de France. **M.** Millerot père, ancien soldat de Napoléon Ier, rentré dans ses foyers après 1815, débuta dans cette fabrication avec un petit capital de 300 francs, fruit de ses économies de soldat. Il avait été armurier au régiment et fort habile à manier le fer. Il commença par prendre avec lui deux ouvriers et entreprit avec ses faibles ressources de faire concurrence à des usines déjà établies depuis longues années dans le pays. Il réussit à fabriquer d'abord quatre douzaines de couverts par jour, puis il perfectionna son outillage, augmenta le nombre de ses ouvriers et de quatre douzaines il arriva à en produire cinq cents.

Dès l'âge de six ans son fils, M. Adolphe Millerot, fut initié par lui à sa méthode de fabrication. Il s'appliqua à faire progresser l'œuvre paternelle et lorsqu'il prit la direction de l'usine il avait déjà su comparer tous les procédés mécaniques employés et choisir les plus avantageux. Il fabrique aujourd'hui 1,200 douzaines par jour, est outillé et organisé pour en pouvoir produire 2,000 en cas d'urgence, possède trois usines à Fontenoy, à La Renardière et à Ambiévillers, utilise une force hydraulique de 36 chevaux et occupe un personnel de 120 ouvriers, 2 contre-maîtres, etc. Aussi ses relations commerciales ne se sont pas bornées à la France, il expédie ses produits dans le monde entier, en Allemagne, en Angleterre, en Suisse, en Italie, en Espagne, au Brésil, au Pérou, au Chili, aux Antilles, aux Etats-Unis, etc., etc.

Vᵉ **Louis Jacquinot,** à Droiteval (Vosges).

Nº 194. *Couverts en fer battu.*

La maison Jacquinot récompensée pour ses travaux

métallurgiques en 1849, voyant ses usines à fer au bois compromises par l'entrée des fers de Suède en France, dut songer à se créer de nouveaux débouchés. C'est à l'industrie des couverts en fer battu étamé que les chefs de cette maison résolurent de consacrer leur activité. Mais cette industrie très-répandue dans ces localités ne laissait pas de bras disponibles. Il fallut donc d'abord songer à se passer des ouvriers spéciaux à cette fabrication pour ne pas entrer en lutte avec les usines environnantes. C'est en remplaçant le travail de l'homme par celui de la machine, en créant un matériel spécial que M. Jacquinot parvint à résoudre ce difficile problème, et il put confier à des enfants et à des jeunes filles la direction de ces travaux, qui partout ailleurs réclamaient des ouvriers spéciaux. Des brevets pris en 1860, 1861, 1863, établissent son droit de propriété sur tous les procédés mécaniques employés dans son usine.

On ne trouve en fait d'hommes dans cet établissement que les ajusteurs pour l'entretien du matériel, les ouvriers étameurs et les contre-maîtres et surveillants.

La fabrication s'y fait à froid, sauf une opération particulière de laminage pour étirer les tôles pour les cuillers, et l'on utilise pour cette opération les gaz inoccupés d'un feu d'affinerie voisin.

Les couverts de la maison Jacquinot subissent vingt-quatre opérations bien distinctes entre l'état de la feuille de tôle mécaniquement découpée et l'état de la livraison. Le planage qui se fait avec un soin tout particulier rend l'étamage d'autant plus brillant, sans grain, sans irrégularités.

Les échantillons exposés font partie de la fabrication courante sans aucune rétouche à la main, et semblables de forme, de longueur et de poids à ceux qui sont journellement livrés au commerce.

Langlois (C.-A.), à Darney (Vosges).

N° 192 *Couverts en fer battu étamé.*

M. Langlois, par un sentiment qui l'honore, dans l'intérêt de l'ouvrier, a voulu conserver autant que possible le travail manuel dans son usine de couverts en fer battu, et il n'appelle la machine à son aide que pour les opérations qu'il serait impossible à l'ouvrier d'exécuter. Ainsi, chez M. Langlois, c'est par la main de l'ouvrier que les couverts sont forgés, découpés, emboutis, limés, étamés, cambrés, etc. Certains découpages et estampages se font à la mécanique. Tout en appréciant comme il doit l'être ce souci des intérêts du travailleur, nous ne saurions approuver les anathèmes que M. Langlois se plaît à lancer contre les machines, car c'est grâce à l'économie réalisée dans la fabrication par la simplification du travail résultant de l'emploi des procédés mécaniques, qu'on peut arriver à donner les produits utiles à un bon marché qui les rende accessibles aux familles laborieuses.

Machard (A. et V.), à Annecy (Haute-Savoie).

N° 196. *Couverts en fer battu étamé.*

L'usine de MM. Machard représente à peu près seule en Savoie l'industrie des couverts en fer battu étamé

qui pendant longtemps appartint exclusivement à deux
ou trois communes des Vosges, Darney, Droiteval et
Fontenoy-le-Château. La fabrication de MM. Machard
est entièrement mécanique, sauf l'opération de l'étamage, bien entendu; ils emploient une force hydraulique de 20 chevaux, 80 ouvriers, dont la moitié sont
des enfants au dessous de quinze ans. Leur production
moyenne est de 100 grosses par jour.

Depeyre, à Montcuq (Lot).

> N° 182. *Mesures en tôle vernie pour les céréales;
> siphon en cuivre, propre à soutirer le vin, sans
> percer les barriques.*

M. Depeyre propose une amélioration des plus importantes dans le matériel de notre système métrique. Les
mesures de capacité faites jusqu'alors en bois, il les fabrique en tôle. On sait que les mesures de bois avaient
l'immense inconvénient de subir des variations de plusieurs millimètres, suivant l'état de l'atmosphère, et par
suite de nuire, soit à l'intérêt du vendeur, soit à celui
de l'acheteur. Les réclamations des marchands avaient
produit une tolérance dont les résultats soulevèrent de
vives critiques. On lit dans les instructions officielles sur
les poids et mesures : « Aucune mesure trop petite ne
peut être soumise à la vérification. L'erreur qui peut être
tolérée en plus est d'un centième pour les mesures en
chêne et d'un cinquantième pour les autres mesures fabriquées en hêtre ou en noyer. » Or comme presque
toutes les mesures sont fabriquées en hêtre ou en noyer,

il résulte que le négociant acheteur qui traite avec un producteur pour 50 hectolitres de blé, présentant à son vendeur une mesure neuve d'un hectolitre, avec poinçon récent, ce qui semble offrir toutes les chances de sécurité, aura reçu de son vendeur, sans que celui-ci s'en défie, 51 hectolitres pour 50. Puis, devenu vendeur à son tour, s'il se sert d'une mesure que le temps a resserrée (et l'on sait que les mesures en bois baissent de près de 8 millimètres de leur hauteur primitive), il volera encore 1 hectolitre sur 50.

M. Depeyre évite tous ces inconvénients en fabriquant ses mesures en tôle, qui n'est pas susceptible de subir les influences atmosphériques. Il produit ainsi des mesures de capacité en rapport exact avec le poinçon apposé et de plus il réalise une baisse réelle sur les prix des anciennes mesures. Grâce à un outillage spécial de son invention, il est parvenu à triompher de toutes les difficultés de son entreprise. Ses prix de 25 0/0 meilleur marché que les mesures similaires en bois semblent défier toute concurrence. Enfin il a soin de river le poinçon au cercle et au corps de la mesure de façon à empêcher toute fraude. Voici ses prix :

Demi-hectolitre. . . . . . . Fr.	7 50
Double décalitre.	3 75
Décalitre.	2 50
Demi-décalitre.	1 50
Double litre.	1 10
Litre.	» 80
Demi-litre	» 50

M. Depeyre tient aussi des hectolitres pour la houille qui se paient à raison de 1 fr. 15 c. le kilogramme.

Peltier (E.), rue Montmartre, 74, à Paris.

> N° 104. *Boîtes métalliques pour conserves; étiquettes et tableaux estampés et imprimés, en métal ou sur métal.*

La fabrication de **M.** Peltier est assurément très-digne d'attention, mais les boîtes à sardines et les boîtes à légumes conservés qu'il expose ne peuvent en rien concourir à l'amélioration de la condition physique ou morale des populations laborieuses. Il n'a absolument pour clients que les gros fabricants, les exportateurs, les armateurs, etc. Les avantages réalisés par le bon marché incontestable de ces boîtes en métal le sont tous au profit du vendeur en gros, et l'acheteur au détail n'en bénéficie nullement. C'est donc à la classe 40 que devraient figurer les produits de **M.** Peltier.

Chapiseau (A.-F.), rue Saint-Denis, 268, à Paris.

> N° 178. *Boîtes servant à la parfumerie; suspensions.*

M. Chapiseau fabrique en métal scylly des boîtes pour parfumerie à houpes, à savons, à éponges, à poudre à dents, des nécessaires de toilette. Tous ces objets sont ingénieusement ornés et émaillés, mais ne constituent pas une spécialité d'une utilité directe pour le public. C'est chez **M.** Chapiseau que beaucoup de parfumeurs s'approvisionnent de ces sortes de boîtes, qu'ils revendent ensuite avec leurs savons, leur poudre de riz, etc. La classe ouvrière ne retire donc aucun avantage de cette industrie de luxe, et dans la classe des petits employés, si, par hasard, les produits de M. Chapiseau y pénètrent, ce n'est qu'après avoir subi les augmentations de prix arbitraires que les parfumeurs jugent à propos d'imposer. Nous ne pouvons donc voir là ni une industrie populaire, ni un progrès directement applicable aux groupes intéressants de population dont nous nous occupons.

Bohin (Benjamin), à Laigle (Orne).

N° 97 et 98. *Aiguilles, épingles de toutes sortes; petite quincaillerie; boîte et étuis, articles de bureau.*

M. Bohin, qui déjà en 1855 obtenait à l'Exposition universelle une médaille de 2ᵉ classe, la plus haute récompense qui ait été à cette époque destinée à sa spécialité, reçut à Londres, en 1862, le prize-medal. Ces produits de petite quincaillerie nous paraissent rentrer parfaitemement dans le programme de la classe 91, et par leur caractère d'utilité populaire, et par l'excessif bon marché des tarifs.

M. Bohin a succédé à son père, qui avait fondé en 1833 cette manufacture de quincaillerie à Laigle. Depuis cette époque, M. Bohin a acquis d'autres usines, étendu considérablement le cercle de sa spécialité. Il occupe, aujourd'hui, bon an mal an, environ 100 ouvriers, et fait marcher de 30 à 35 machines. Un moulin à vent d'un système spécial de son invention, met en mouvement une certaine partie de son matériel, et M. Bohin regrette vivement qu'on n'ait pu lui concéder dans le parc de l'Exposition un coin de terrain où il se proposait d'élever une construction modèle qui eût permis de juger de l'excellence de son procédé.

Voici quelques-unes des spécialités de M. Bohin :

Étuis pour allumettes, en fer-blanc. . . . . 6 fr. 25 c. la grosse.

Étuis carrés vernis.	5	25	—
Etuis à bouts ronds brillants.	4	50	—
Boîtes-feu ou timbres-poste . .	7	50	—
— vernies	10	30	—
— à amadou.	5	75	—
— ferblanc non poli . . .	3	75	—
Boîtes à congé pour militaires et matelots	24	»	—
Etuis à lunettes à 13, 14, 17 et 18		»	—
Gobelets de fer-blanc.	13	50	—
Tabatières zinc et bois, 10 modèles de 4 fr. 80 c. à. . .	10	50	—
Tabatières ferblanc de 14 à. .	17	»	—

M. Bohin, qui vient d'acheter récemment une des plus importantes fabriques d'aiguilles et d'épingles des environs de Laigle, complète son exposition par de remarquables produits de tréfilerie qui se recommandent également par leurs prix modérés.

P. **Flamm et C**^{le}, à Phlin (Meurthe).

Nº 93. *Aiguilles à coudre.*

La fabrique du Phénix a été fondée en 1851, sous la raison sociale L. Durand et Cᵉ, par M. Pierre Flamm, alors directeur fondateur et aujourd'hui gérant. Le capital de fondation fut de 250,000 francs.

La spécialité de cette maison est la fabrication des aiguilles à coudre d'acier fondu. Elle fait venir ses aciers de Sheffield.

Sa production, qui était en 1851 de 15 millions d'aiguilles, s'élève aujourd'hui à 110 millions.

Depuis peu elle a joint aux aiguilles la fabrication de hameçons à détente pour la pêche maritime, ainsi que celle de la scie forestière, tous deux de l'invention de M. Flamm et exposés aux classes 42 et 49.

La force motrice employée à sa fabrique d'aiguilles à Phlin consiste en une machine à vapeur de la force de 20 chevaux, une turbine de 10 chevaux, une roue à palette de 10 chevaux, ensemble 40 chevaux.

On y occupe 150 ouvriers, hommes, femmes et enfants, plus 50 ou 60 enfants qui travaillent dans leur famille. La fabrication s'y fait à la mécanique; la plupart des métiers et des machines-outils sont de l'invention de M. Flamm, auteur de divers traités de sciences industrielles et inventeur du *Compositeur typographe mécanique* exposé classe 59 et du *condensateur à sublimés* exposé classe 51.

La fabrique du Phénix a obtenu en 1855, à l'Exposition universelle, une médaille de seconde classe, et à Metz en 1862, une médaille d'argent.

Les prix de vente des aiguilles du Phénix varient depuis 1 fr. 35 c. le mille jusqu'à 3 fr. 50 c.

Sargent et Cie, rue Saint-Denis, 101.

Nᵒ 96. *Épingles brutes et blanchies.*

Les épingles de M. Sargent nous ont paru de fabrication assez commune, mais la maison se trouvant actuellement en liquidation, nous n'avons pu avoir sur les tarifs des renseignements suffisants pour nous permettre des comparaisons utiles.

Chauvel (Emile), à Evreux (Eure).

Nᵒ 102. *Dés à coudre.*

M. Emile Chauvel de l'usine de Navarre près d'Evreux, expose un grand assortiment de dés à coudre en acier et en cuivre argenté. Mais l'absence de toute indication de prix ne nous a pas permis de nous former une opinion précise sur les avantages réalisés par sa fabrication.

Montcourt (C.), rue Meslay, 8, à Paris.

Nᵒ 188. *Boutons, boucles, agrafes, clous en acier poli.*

Le travail de fabrication de M. Moncourt nous a paru très-soigné. Mais une appréciation de ses produits ne serait possible que si l'on en connaissait exactement les prix, et M. Moncourt n'a indiqué le prix d'aucun des objets qu'il expose.

Foin (P.–A). rue Chapon, 38, à Paris.

> N° 199. *Chaînes et porte-mousquetons en fer, fonte et cuivre; décamètres en acier; colliers et muselières.*

M. Foin nous paraît avoir porté au dernier degré de bon marché les produits de sa fabrication. Nous avons remarqué le travail très-soigné de sa chaînes et la solidité de ses porte-mousquetons. Il est difficile d'établir mieux des objets de ce genre avec un tarif aussi réduit. La chaîne de 1 m. 15 c. est cotée par M. Foin, suivant les forces diverses, depuis 3 francs la douzaine jusqu'à 16 francs. Les chaînes de gilet en acier très-jolies et très-élégantes, varient de 1 fr. 75 c. la douzaine à 4 fr. 25 c. la douzaine. Les colliers de chien qu'il expose sont marqués à des prix aussi raisonnables. Les laisses en cuir tressé ou en soie végétale sont de 2 fr. la douzaine en cuir, de 5 francs la douzaine en soie végétale. Les porte-mousquetons en acier d'une grande force de résistance sont vendus par lui, la douzaine, suivant leur taille, de 2 francs à 10 francs.

Lesec (V.-E.), route d'Asnières, 72, à Paris.

> N° 197, *Crochets de chargeurs.*

M. Lesec expose des crochets de chargeurs qui nous

paraissent comme fabrication pouvoir entrer avantageusement en comparaison avec tout ce qu'on a fait en ce genre de mieux jusqu'à ce jour. Mais l'indication des prix manque et l'on ne peut pousser plus loin la comparaison.

Mme **Gouttebaron**, rue Vanneau, 80.

N° 57. *Paille de fer.*

La paille de fer pour le nettoyage des parquets et le récurage des ustensiles de cuisine est une application intéressante d'un résidu resté jusqu'alors sans emploi. Le principal avantage que l'on obtient en faisant usage du produit nouveau présenté par Mme Gouttebaron consiste dans la rapidité et la facilité avec lesquelles s'opère le nettoyage des parquets. Dans les hôpitaux, principalement, la promptitude est souvent nécessaire, car l'on ne saurait rien négliger pour assainir les salles dont l'atmosphère serait facilement corrompue par les infiltrations de certaines déjections dans le bois du plancher. Mme Gouttebaron nous a communiqué une lettre de M. Letellier, secrétaire général des hospices civils de Lyon, qui se plaît à constater les avantages qu'il a obtenus de l'emploi de la paille de fer pour la salubrité des salles.

L'usage de ce produit s'est très-promptement répandu, et les copeaux de fer provenant des fabriques ne suffisant plus aux demandes, une usine s'est installée à Lyon tout exprès pour produire de la paille de fer fine ou grosse, suivant les usages auxquels on la destine.

———

CLASSE 42.

Produits de la chaffe : Plumes (plumeaux).

MM. Loddé.
Lhuillier.
Hénoc.

Loddé (Claude-Artus) fils, rue Saint-Denis, 293, à Paris.

Nᵒˢ 3 et 64. *Plumeaux.*

M. Loddé occupe dans son usine de la Chapelle environ 200 ouvriers et ouvrières gagnant, les hommes, de 4 fr. 50 c. à 8 francs, les femmes, de 1 fr. 75 c. à 3 fr. 50 c. par jour. La matière y arrive brute et le plumeau s'y fait et s'y monte entièrement. La teinture des plumes, le découpage des cuirs, le tournage des bois, tout est centralisé par M. Loddé dans son usine. Les modèles les plus nombreux et les plus variés, le souci incessant du progrès, de sérieuses recherches pour le bon marché de certaines spécialités, méritent à la maison Loddé une attention toute particulière. L'augmentation toujours croissante du prix de la plume rendait plus difficile le maintien du bon marché. Cependant M. Loddé y est parvenu. Nous avons remarqué chez lui des plumeaux en plumes de coq de Russie à 1 fr. 70 c. la douzaine, article très-bien conditionné, propre à rendre tout le service qu'on peut attendre d'un outil ménager de cette nature et atteignant assurément la limite extrême du bon marché.

La brosse à frotter de M. Loddé est assurément très-ingénieuse et de nature à prévenir les inconvénients du frottage ordinaire; mais sa véritable place n'est pas à la classe 91. L'ouvrier ne s'inquiète pas de cirer son parquet et ne dépenserait assurément pas, nous ne saurions pour notre part l'y engager, 15 francs pour l'acquisition d'un appareil à frotter.

Lhuillier (Louis-Eugène), rue Vieille-du-Temple, à Paris.

N° 185. *Fabrique de plumeaux et plumes de parure.*

M. Lhuillier en exposant dans la classe 91 des plumeaux de luxe à monture élégante et des plumes de parure, ne s'est sans aucun doute pas préoccupé de l'esprit qui préside à l'organisation du groupe X. Il a composé une vitrine très-élégante qui ferait très-bonne figure dans la classe 42, et nous ne pouvons que regretter que ce ne soit pas dans cette classe qu'il ait pris place, et constater que si ses produits sont remarquables, ils ne sont pas de nature à nous aider à résoudre les problèmes économiques dont nous poursuivons la solution.

Hénoc (Edouard) fils, rue Saint-Sauveur, 1, à Paris.

N° 195. *Fabrique de plumeaux.*

L'exposition de M. Hénoc ne contient que des produits de luxe qui nous forcent à renouveler à son sujet l'observation que nous venons de faire à propos de M. Lhuillier.

CLASSE 44.

Produits divers des induſtries chimiques.
Bougies. Savons. Cirages.
Eaux gazeuses.

MM. AUTRAN.
LEROY ET DURAND.
CHATILLON.
JACQUOT et Cie.
TARNEAUD.

Léopold Autran, avenue de Clichy, 65.

N° 46. *Bougie économique.*

M. Autran expose à la classe 91 des modèles de bougies économiques qui méritent une attention spéciale. Comme composition, c'est à peu près l'ancienne chandelle, mais ayant l'apparence de la bougie, propre à l'œil et au toucher, brûlant sans avoir besoin d'être mouchée et à peu près exempte de coulage. Il vend ce nouveau produit 5 centimes seulement par demi-kilogramme au-dessus du prix de la chandelle ordinaire.

Ce procédé consiste dans la combinaison de la mèche et dans la préparation de la stéarine qui enduit la bougie.

« La mèche se compose d'une petite tresse de coton bas enfermée dans un tissu de coton formant tube. La tresse oblige l'ensemble de la mèche à se courber en brûlant, pour que l'extrémité sortant de la flamme puisse s'incinérer au contact de l'air et qu'on soit ainsi dispensé de moucher. De plus, le tissu qui enveloppe la tresse étant lâche et à mailles ouvertes présente au suif un corps très-spongieux, tel qu'il le faut pour que le suif monte aisément dans la mèche et brûle dans de bonnes conditions. — La préparation de la stéarine consiste à y mêler à chaud une petite quantité d'essence. Grâce à cette mixtion, quand on trempe la chandelle dans la stéarine, on obtient par cette immersion une couche adhérente et non fendillée et partout égale, quoique très-mince. »

Ce perfectionnement nous paraît de nature à permettre aux petits ménages d'avoir à peu de frais un éclairage plus convenable que la chandelle et bien meilleur marché que la bougie.

M. Autran propose de remplacer l'huile de pied de bœuf par l'huile de suif qu'il prépare dans d'excellentes conditions. Son huile de suif ne se congèle qu'entre 4 et 6 degrés, tandis que, dans les diverses tentatives faites jusqu'à ce jour, les huiles obtenues se congelaient à 12 et même à 15 degrés. Il vend 130 fr. les 100 kil. de son huile de suif, tandis que le cours de l'huile de pied de bœuf est actuellement de 230 francs au moins les 100 kilog.

Ch. Leroy et Durand, à Gentilly (Seine).

N° 47. *Bougies, savons et chandelles de suif.*

MM. Leroy et Durand sont entrés dans une voie de fabrication économique très-digne de notre attention et où ils ont déjà su obtenir de très-sérieux succès. Leur bougie à 65 centimes le demi-kilogramme est de fort belle apparence, bien stéarinée. Nous l'avons expérimentée. Elle brûle fort bien, sans couler comme la chandelle, sans charbonner, donnant une lumière égale et aussi éclairante que la bougie de cire, quoique plus rouge. Nous ne saurions trop en recommander l'usage aux ménages d'employés et même d'ouvriers, car sans être plus chère que la chandelle commune, cette bougie de suif stéariné nous paraît devoir faire plus de profit, car elle se consume lentement et sans mauvaise odeur.

Châtillon, à Neuilly (Seine).

N° 48. *Savon à base d'extrait de bois de Panama.*

Le savon de Panama de M. Châtillon possède toutes les qualités des savons de premier ordre, dit-il, plus celles du bois de Panama. On peut l'employer 1° pour l'usage et le blanchissage journaliers ; 2° pour le nettoyage du drap, de la soie et de la laine sans compromettre la finesse des tissus et la délicatesse des nuances ; 3° pour les étoffes de soie ou de laine blanches. Il a sur les dissolutions de bois de Panama l'avantage de ne laisser aucune nuance après le lavage, car M. Châtillon a eu soin d'éliminer de son savon toutes les parties tinctoriales du bois de Panama. Diverses expériences ont pu nous convaincre de l'exactitude de ces assertions.

Jacquot et Cie, à Dôle (Jura), et rue Pernelle, 1, à Paris.

N° 49. *Cirage, encre et vernis.*

Les produits de l'usine Jacquot ont une réputation déjà faite, mais l'absence de tout tarif ne nous a pas permis de nous livrer à une comparaison utile.

Tarneaud (J.-B.) jeune, rue Notre-Dame-de-Nazareth, 38, à Paris.

N° 156. *Gazogène.*

L'ouvrier ne peut dépenser de 6 à 8 sous par jour pour remplacer son eau pure par l'eau de seltz. Il peut encore moins faire la dépense première de l'achat d'un appareil gazogène. C'est là le privilége des estomacs fatigués et des gens riches. Si encore M. Tarneaud l'emportait sur ses concurrents par le bon marché de ses produits ! mais il expose, entre autres, des appareils à 28 et 33 francs, qui sont incontestablement plus chers que les gazogènes Briet de même capacité.

CLASSE 50.

Acceſſoires de la tonnellerie.

MM. Bouillard neveu.
Herlin frères et Ledoux.
Mlle Clémentine Mimard.

Bouillard neveu, rue Soulages, 27, à Paris-Bercy.

N° 191. *Robinets et canelles.*

La spécialité que M. Bouillard neveu, fondeur en cuivre, exploite à Bercy, a été importée par lui de l'industrie mâconnaise et lyonnaise. Ce sont les robinets ou canelles servant au soutirage des vins. Il est parvenu à vendre ses produits au même prix que ses concurrents de Mâcon et de Lyon, bien que la main-d'œuvre et les frais généraux d'une installation parisienne élèvent d'au moins 8 0/0 le prix de revient, mais il a trouvé une compensation dans la possibilité d'avoir sa matière première à meilleur compte. Cette industrie est sans doute très-intéressante, mais s'adressant au gros négociant en vins, elle ne peut ressortir de la classe 91. C'est à la classe 50 qu'on aurait dû faire figurer les produits de M. Bouillard neveu.

Herlin frères et Ledoux, rue Phélipeaux, 36, à Paris.

N° 92. *Appareils dits rince-bouteille, touche-bouteille; burettes Lesénéchal.*

MM. Herlin et Ledoux exposent des appareils pour rincer les bouteilles qui nous ont paru fort ingénieux. Ce sont des brosses montées en goupillon autour d'une double branche de fer-blanc. Ces brosses sont de deux espèces, droites et légèrement recourbécs. Les brosses droites depuis 16 francs le cent, les brosses recourbées depuis 70 francs le cent. Avec ces brosses est exposé un appareil mécanique. La bouteille placée horizontalement dans une gaîne qui l'assujettit est nettoyée en tous sens par une forte brosse en tête de loup, qui se manœuvre par une clef rotative comme celles des orgues de Barbarie. Cet appareil coûte 10 francs. C'est assurément un prix trop élevé pour que ce mécanisme ingénieux devienne populaire. L'ouvrier d'ailleurs ne met pas tant de précautions à rincer ses bouteilles, mais pour les marchands de vins, pour les laboratoires de pharmacie, cet appareil, qui permet de rincer en peu de temps une grande quantité de bouteilles, sera assurément jugé très-utile.

La burette Lesénéchal exposée par MM. Herlin et Ledoux est ingénieusement disposée pour éviter toute perte d'huile; un tube très-mince en fer-blanc qui se prolonge en avant du col de la burette, recueille les dernières gouttes d'huile, et permet de ne vider que juste ce qu'il faut pour emplir une lampe. Une burette contenant 1,000 grammes est côtée 173 francs le cent. La burette de 750 grammes, 155 francs le cent; celle de 500 grammes, 140 francs le 100. Ainsi une burette contenant une livre d'huile, ce qui doit suffire aux besoins habituels d'un ménage d'ouvrier, revient par le système Lesénéchal à 1 fr. 40 c. Ce prix est encore élevé, mais doit certainement pouvoir être réduit.

Mlle **Clémentine Mimard**, à Villeneuve-sur-Yonne.

N° 93. *Foret-pince.*

Mlle Clémentine Mimard avait remarqué la fréquence des blessures graves que se faisaient les vignerons et les tonneliers en portant imprudemment leur foret en poche. Elle a voulu obvier à cet inconvénient, et elle a imaginé un foret dont la mèche se dévisse et rentre dans le manche. De plus, elle a disposé dans ce manche une pince destinée à enlever les faussets. Ce petit appareil, fort utile sans doute, nous paraît cependant d'un prix trop élevé. Le modèle le plus commun se vend 4 fr. 50 c. Le modèle riche, 8 francs. Nous espérons que Mlle Clémentine Mimard parviendra à baisser notablement ce tarif, ce qui joindrait le mérite du bon marché aux qualités de sécurité et d'humanité, qui rend son invention ingénieuse très-digne de figurer à la classe 91.

CLASSE 83.

Matériel de l'horticulture.

M. Aubaud.

Aubaud, à Tours (Indre-et-Loire).

N° 186. *Étiquettes et lettres en terre cuite.*

M. Aubaud ayant remarqué dans les jardins la fragilité et le peu de durée des étiquettes peintes a essayé de remédier à cet inconvénient dans des conditions sérieuses de bon marché. Il commença d'abord à faire des étiquettes en terre cuite, en relief, mais le frottement des branches en temps de vent usait rapidement la lettre. Il expose aujourd'hui le modèle qui lui a déjà valu sept médailles, deux à Paris, trois à Tours, une à Angers et une à Dijon. Ces étiquettes en terre cuite portent une inscription gravée en creux et noircie. Ces étiquettes bien que faites à la main ne coûtent que de 5 à 10 francs le cent. Aussi M. Aubaud en fournit-il des quantités considérables aux horticulteurs qui en matière d'étiquettes cherchent avant tout la durée, la netteté dans les indications et le bon marché.

INDEX ALPHABÉTIQUE

Des Expoſants auxquels une Notice eſt

conſacrée.

11.

TABLE DES MATIÈRES

IMPRIMERIE CENTRALE. — A. CHAIX ET Cᵉ, RUE BERGÈRE, 20, A PARIS — 5068.